职业教育提质培优人文素养系列丛书

晨诵，悦读润人生

（第一册）

蔡　军　葛　刚　徐冬梅　主　编

中国商业出版社

图书在版编目（CIP）数据

晨诵，悦读润人生. 第一册 / 蔡军，葛刚，徐冬梅主编. -- 北京 : 中国商业出版社，2023.9
（职业教育提质培优人文素养系列丛书）
ISBN 978-7-5208-2616-7

Ⅰ. ①晨…　Ⅱ. ①蔡…　②葛…　③徐…　Ⅲ. ①人文素质教育 – 职业教育 – 教材　Ⅳ. ①G40–012

中国国家版本馆CIP数据核字（2023）第171405号

责任编辑：管明林

中国商业出版社出版发行
（www.zgsycb.com　100053　北京广安门内报国寺1号）
总编室：010–63180647　编辑室：010–83114579
发行部：010–83120835/8286
新华书店经销
句容市排印厂印刷
*
787毫米×1092毫米　16开　12.75印张　240千字
2023年9月第1版　2023年9月第1次印刷
定价：42.00元
****

（如有印装质量问题可更换）

职业教育提质培优人文素养系列丛书
晨诵，悦读润人生

编写指导委员会

编委会主任：

马建春（无锡立信高等职业技术学校）

编委会成员（按姓氏笔画排序）：

戎　成（苏州建设交通高等职业技术学校）

吉　祥（南通市旅游中等专业学校）

张　寅（江苏省江阴市华姿中等专业学校）

张文胜（江苏省惠山中等专业学校）

陈　建（江苏省如东中等专业学校）

陈　菊（江苏省陶都中等专业学校）

季玲莉（江苏省无锡汽车工程高等职业技术学校）

曹　峰（江苏省如东中等专业学校）

葛　刚（南通市旅游中等专业学校）

蔡　军（江苏省无锡机电高等职业技术学校）

晨/诵/悦/读/润/人/生

PREFACE 前言

鱼离水则身枯，心离书则神索。从浩如烟海的诗词歌赋，到深邃厚重的经史子集，经典作品是民族精神的源头，是人类文化的瑰宝，它植根于过去，却穿透时间的长河，闪耀着永恒的光芒，历久弥新，润泽后世。

一本经典就是一个世界，一次阅读就是一次心灵的润养。站在人生重要的前进点，昂扬的少年走进经典，可以增加知识积累，充实精神生活，开拓思考空间，陶冶审美情操；站在社会发展的关键点，青年学子们诵读经典，是一次次与历代贤达的思想交流，更是一场场高贵精神的浸润和播撒；站在新时代的历史交汇点，回顾经典，才能将积淀千年的智慧作为润心之智，在困境中，在迷茫时，从中寻找风雨不移的底气、心怀天下的志气、敬业立德的骨气和踏浪前行的勇气。

中职教育的目标是把学生培养成为“具有综合职业能力，在生产、服务、技术和管理第一线工作的高素质劳动者和初级专门人才”，在教学组织上有较强的专业针对性和实用性。中职教育的本质是培养“德智体美劳”全面发展的社会主义建设者和接班人，思想道德教育的首要地位不能动摇，人文素养教育亟待加强。利用晨读时间开展诵读活动，无疑是促进思想道德教育和人文素养教育实施的有效举措。具体来说，诵读经典有助于形成健康的世界观、人生观和价值观。中职教育阶段的学生是未成年人，正处在三观形成的最佳时期，好书、好文章的浸润正当其时；诵读经典有助于学生健全人格，研习礼仪，端正行为，固化伦理道德，提高感悟能力和审美能力；诵读经典有助于学生培养终身学习能力。经典中包含的丰富智慧是走出校园、适应社会并实现人生发展的基本要素。通过诵读经典，使学习能力从职业教育向后续更广阔的终身教育阶段迁移顺理成章。

诵读，是一种目视其文、口发其声、耳闻其音、心通其情、意会其理的阅读方式，是从表层意思到深层含义，对潜在情味的全面感知。通过诵读，经典的美好会潜移默化地在诵读者心里生根发芽，变成他对生活品质的要求，不管他在哪里，从事什么职业，这种美好都会伴随终生。

本丛书是基于中职学生学情而选编的适用于晨读或课外阅读的人文素养读本。选文立足中华文化经典篇目，兼顾现当代优秀作品，古今并蓄，题材广泛，文体多样，篇幅适中，文质兼美，诵读性强，既注重传统文化内涵，又体现当今时代精神。目的在于引导学生通过阅读经典文学作品，初步学会赏析各类文学作品，从而领悟传统文化特别是中国传统文化精神，提升人文素养。

丛书共四册，书名统一为《晨诵，悦读润人生》，以第一册、第二册、第三册、第四册标识。定性为职业院校读本，各板块主题起始于"德"，落脚在"志"，依次为"大道至简　德行天下""方圆相宜　行稳致远""致福成义　礼达四方""业道酬精　志存高远"，四册一以贯之。

依据学期时序和学生认知发展规律，思想性逐册提升。

各单元编写体例，依次为诵读主体、知人论世、阅读鉴赏、思考寄语四个部分，即诵读作品，了解作者或作品背景，阅读鉴赏旨要，提炼思想精华并予以寄语。

本丛书由江苏省无锡汽车工程高等职业技术学校、江苏省无锡机电高等职业技术学校、江苏省江阴市华姿中等专业学校、江苏省惠山中等专业学校、江苏省如东中等专业学校、江苏省陶都中等专业学校、南通市旅游中等专业学校和苏州建设交通高等职业技术学校（排名不分先后）共8所学校联合编撰，具体分工如下。

第一册：主编为蔡军（江苏省无锡机电高等职业技术学校）、葛刚（南通市旅游中等专业学校）、徐冬梅（江苏省如东中等专业学校）；副主编为崔俊刚（江苏省无锡汽车工程高等职业技术学校）、易晓荣（江苏省陶都中等专业学校）。

第二册：主编为季玲莉（江苏省无锡汽车工程高等职业技术学校）、张寅（江苏省江阴市华姿中等专业学校）、蔡雪童（江苏省无锡机电高等职业技术学校）；副主编为陈建（江苏省如东中等专业学校）、许小荣（苏州建设交通高等职业技术学校）、陈茜（江苏省陶都中等专业学校）、陈进（南通市旅游中等专业学校）。

第三册：主编为张文胜（江苏省惠山中等专业学校）、戎成（苏州建设交通高等职业技术学校）、郁宝华（江苏省无锡汽车工程高等职业技术学校）；副主编为张雪梅（江苏省无锡机电高等职业技术学校）、袁雅芬（江苏省江阴市华姿中等专业学校）、罗玉红（苏州建设交通高等职业技术学校）。

第四册：主编为陈菊（江苏省陶都中等专业学校）、曹峰（江苏省如东中等专业学校）、吴峥嵘（江苏省惠山中等专业学校）；副主编为吉祥（南通市旅游中等专业学校）、沈勤丰（江苏省江阴市华姿中等专业学校）。

参编人员（排名不分先后）：史冬霞、张浏阅、娄昀（江苏省无锡汽车工程高等职业技术学校）；孙雁北、仲霞、刘丹萍（江苏省无锡机电高等职业技术学校）；柴海霞、王红兰（江苏省江阴市华姿中等专业学校）；柏英、韩莉（江苏省惠山中等专业学校）；沙秋静、周月（江苏省如东中等专业学校）；张高峰、管波、李玉帅、王素琴（江苏省陶都中等专业学校）；杨璨、彭丽莉、胡思聪（南通市旅游中等专业学校）。

在阅读的世界中，每个人都是同行者。由于编者水平有限，本丛书可能存在一些不足，欢迎广大读者提出宝贵意见。本丛书在编写过程中，直接或间接参阅、借鉴、引用了国内外大量文献资料，在此对这些文献的著作者表示诚挚感谢！

编　者

2023年7月

晨/诵/悦/读/润/人/生

CONTENTS | 目录

大道至简　德行天下

1. 爱莲说　2
2. 得道多助，失道寡助　4
3. 朋党论（节选）　7
4. 短歌行　9
5. 富贵不能淫　12
6. 记住回家的路（节选）　14
7. 可爱的中国（节选）　16
8. 平凡的世界（节选）　19
9. 少年中国说（节选）　22
10. 蜀　相　24
11. 子路、曾皙、冉有、公西华侍坐　27
12. 白马篇　30
13. 北　望　33
14. 常常爱惜（节选）　35
15. 风雪夜归人（节选）　37
16. 论语·学而（节选）　40
17. 论语·颜渊（节选）　41
18. 勤俭成大业　43

19. 送人赴安西 45
20. 围炉夜话 47

方圆相宜　行稳致远

1. 敖不可长 50
2. 白鹿洞二首·其一 52
3. 百字箴言 54
4. 卜　居 56
5. 曾国藩家训（选句） 59
6. 曾国藩六戒 61
7. 曾子杀彘 63
8. 赤壁赋（节选） 65
9. 酬乐天扬州初逢席上见赠 67
10. 春江花月夜 69
11. 春　日 71
12. 次北固山下 73
13. 从军行 75
14. 从军行七首（其四） 77
15. 大风歌 79
16. 道德经·第二十五章 81
17. 登　高 83
18. 定风波·莫听穿林打叶声 85
19. 独坐敬亭山 87
20. 读书要三到 89

致福成义　礼达四方

1. 唐雎不辱使命　92
2. 礼贤下士魏文侯　94
3. 话说谦让　96
4. 丰子恺教子知礼仪　99
5. 鲁学士祝寿　101
6. 谕纪泽纪鸿（节选）　103
7. 寒门多出贤　105
8. 答韦中立论师道书　108
9. 修　养　111
10. 延陵季子将西聘晋　113
11. 致诸弟·劝述孝悌之道　115
12. 聊斋志异·义犬（一）　118
13. 聊斋志异·义犬（二）　120
14. 个人本位与社会本位的伦理观（节选）　122
15. 博学之　125
16. 说希望（节选）　127
17. 中学生的修养与择业（节选）　129
18. 桓荣传　134
19. 曾子避席　136
20. 张良拜师　138

业道酬精 志存高远

1. 黄生借书说 142
2. 己亥杂诗 144
3. 孙子兵法·谋攻篇（节选） 146
4. 颜氏家训·勉学篇（节选） 148
5. 咏荆轲 150
6. 运斤成风 153
7. 张衡传（节选） 155
8. “打工皇后”吴士宏的传奇人生 158
9. 大学·中庸（第一章）（节选） 162
10. 晋书·傅玄传（节选） 164
11. 做焦裕禄式的县委书记（节选） 167
12. 不龟手之药 170
13. 曾国藩家书（节选） 172
14. 差 别 174
15. 成功的花 176
16. 抽思（节选） 178
17. 触龙说赵太后 180
18. 传习录（节选） 185
19. 苶 苜 187

大道至简
德行天下

1 爱莲说

诵读主体

水陆草木之花，可爱者甚蕃。晋陶渊明独爱菊。自李唐来，世人甚爱牡丹。予独爱莲之出淤泥而不染，濯清涟而不妖，中通外直，不蔓不枝，香远益清，亭亭净植，可远观而不可亵玩焉。

予谓菊，花之隐逸者也；牡丹，花之富贵者也；莲，花之君子者也。噫！菊之爱，陶后鲜有闻。莲之爱，同予者何人？牡丹之爱，宜乎众矣！

知人论世

周敦颐（1017—1073），原名周敦实，又名周元皓，字茂叔，谥号元公，道州营道楼田保（今湖南道县）人，世称濂溪先生，是“北宋五子”之一，宋朝理学思想的开山鼻祖，文学家、哲学家。

其著有《周元公集》《爱莲说》《太极图说》《通书》（后人整编进《周元公集》）。周敦颐所提出的无极、太极、阴阳、五行、动静、主静、至诚、无欲、顺化等理学基本概念，为后世理学家反复讨论和发挥，构成理学体系的重要内容。

周敦颐哲学思想的核心就是一个“诚”字。“诚”是他关于天道、人道、天人合一之道的最高境界的表达。“诚”分为天道本体论和心性本体论两方面。在周敦颐看来，“诚”首先是宇宙存在的根据，是宇宙的本体，即天道本体论。在《太极图说》中，他认为，人与万物同样都是二气交感所化生出来的，而其源都是太极，再由太极推及人极，也就是把人的道德、人性看成是与宇宙生生过程相同的无极太极、阴阳五行的过程，这样，周敦颐便为他的“诚”的理论奠定了宇宙论的基础。“诚”所体现的心性本体论一个突出的表现便是人的伦理道德。周敦颐如此推崇“诚”，就是坚信人类具有真诚、善良的本性。他发展了《中庸》中关于

“诚”的思想，从宇宙论进而推演出人道观，建立了以“诚”为本的伦理道德学说。

阅读鉴赏

译文：

水上、陆地上各种草本木本的花，值得喜爱的非常多。晋代的陶渊明唯独喜爱菊花。自李氏唐朝以来，世人大多喜爱牡丹。我唯独喜爱莲花从积存的淤泥中长出却不被污染，经过清水的洗涤却不显得妖艳。（它的茎）中间贯通，外形挺直，不生蔓，也不长枝。香气传播更加清香，笔直、洁净地竖立在水中。（人们）可以远远地观赏（莲），而不可轻易地玩弄它啊。

我认为菊花，是花中的隐士；牡丹，是花中的富贵者；莲花，是花中的君子。唉！对于菊花的喜爱，在陶渊明以后就很少听到了。对于莲花的喜爱，和我一样的还有谁？（对于）牡丹的喜爱，人数当然就很多了！

《爱莲说》是北宋理学家周敦颐创作的一篇散文。周敦颐对于莲花的喜爱，离不开他幼年时受到的教育。他少年丧父，跟随母亲投奔了时任龙图阁学士的舅舅，舅舅非常欣赏这个聪慧的外甥，便在住所旁修建了一个池塘，池塘中种满了莲花，让他在这样心旷神怡的环境里好好读书。很多年后，周敦颐和友人饮酒赋诗，谈天说地，又回想起少年时在莲花池畔受到的启示，于是提笔写下了这篇《爱莲说》。

“说”是一种文体，可以说明事物，也可以发表议论和抒发感情。这篇《爱莲说》是一篇托物咏志的抒情散文，通过对莲的形象和品质的描写，歌颂了莲花坚贞的品格，也表现了作者洁身自爱的高洁人格和不羁洒脱的宽阔胸襟。

这篇文章很短，但结构却非常完整，层次也非常鲜明。作者首先作了一个总述，接着分别叙述了三种不同的爱好，并具体说明了自己爱莲花的原因。作者对莲花的这一段描写，笔墨虽不多，却极为形象精确地概括了莲花“出淤泥而不染，濯清涟而不妖”的高贵涓洁的特色，表达了自己修身养性、洁身自爱的高洁志向。这段描写由于形象生动传神，寓意深刻含蓄而成为千古绝唱，莲花也从此常常被处身不利而不愿同流合污的人用以自比。

作者接着对三种花作了评价，并抒发了内心的感慨。既惋惜于陶渊明式的真隐者少见，又怅然叹息于同自己一样追求高尚品德的人难以寻觅，同时以“牡丹之爱，宜乎众矣”作结，虽未直斥，却暗讽了那些贪图富贵、争名夺利之徒，文章意味深长。

托物言志是人们常用的一种表达心志的方式，周敦颐一生喜爱莲花，所以写下了这篇借花喻人的优美小品文。作者以莲自比，贴切恰当，同时又以牡丹、菊花作对比陪衬，更显示出莲花的傲岸君子之风。作者在很短的篇幅内，反复对三种花进行描述评论，加强了读者的印象，掩卷之后，记忆犹新，而比喻、暗讽手法的运用又使得文章含蓄蕴藉，余味无穷！

思考寄语

作为新时期的青年学生，在实现中国梦的生动实践中，除了要努力学习和掌握职业技能以外，更要做像莲花那样高洁正直的君子，不断提高自身的道德修养，坚定理想信念，志存高远，脚踏实地，放飞青春。

2 得道多助，失道寡助

诵读主体

天时不如地利，地利不如人和。三里之城，七里之郭，环而攻之而不胜。夫环而攻之，必有得天时者矣，然而不胜者，是天时不如地利也。城非不高也，池非不深也，兵革非不坚利也，米粟非不多也，委而去之，是地利不如人和也。故曰：域民不以封疆之界，固国不以山溪之险，威天下不以兵革之利。得道者多助，失道者寡助。寡助之至，亲戚畔之；多助之至，天下顺之。以天下之所顺，攻亲戚之所畔，故君子有不战，战必胜矣。

知人论世

孟子（约前372—前289），名轲，字子舆，邹（今山东邹城东南）人，战国时期思想家、教育家、政治家、哲学家。儒家学派的代表人物之一，在政治上主张法先王、行仁政，在学说上推崇孔子，反对杨朱、墨翟。

孟子相传为鲁国姬姓贵族孟孙氏孟共仲（孟恭仲）公子庆父的后裔。父名激，母仉（zhǎng）氏。孟子继承并发展了孔子的思想，但相较孔子的思想，他加入了自己对儒术的理解，有些思想也较为偏激，被后世尊称为“亚圣”。《孟子》一书属于语录体散文集，是孟子的言论汇编，由孟子及其弟子共同编写完成，记录了孟子的言行。他提倡仁政，提出“民贵君轻”的民本思想，游历齐、宋、滕、魏、鲁等诸国，希望追随孔子推行自己的政治主张，前后历时二十多年。但孟子的仁政学说被认为是“迂远而阔于事情”，没有得到实施。最后，他退居讲学，和他的弟子一起，“序《诗》《书》，述仲尼之意，作《孟子》七篇”。

阅读鉴赏

译文：

有利于作战的天气、时令，比不上有利于作战的地理形势；有利于作战的地理形势，比不上作战中的人心所向、内部团结。一座方圆三里的小城，有方圆七里的外城，四面包围起来攻打它，却不能取胜。采用四面包围的方式攻城，一定是得到有利于作战的天气、时令了，可是不能取胜，这是因为有利于作战的天气、时令比不上有利于作战的地理形势啊。城墙并不是不高，护城河并不是不深，武器装备并不是不精良，粮食供给也并不是不充足，但是，守城一方还是弃城而逃，这是因为作战的地理形势再好，也比不上人心所向、内部团结。所以说，使人民定居下来而不迁到别的地方去，不能靠疆域的边界，巩固国防不能靠山河的险要，震慑天下不能靠武器的锐利。施行“仁政”的君王，支持帮助他的人就多，不施行“仁政”的君王，支持帮助他的人就少。支持帮助他的人少到了极点，就连内外亲属也会背叛他；支持帮助他的人多到了极点，天下所有人都会归顺他。凭着天下人都归顺他的条件，去攻打那连亲属都反对背叛的君王。所以，施行仁政的君王不战则已，战斗就一定能胜利。

本文选自《孟子·公孙丑下》，标题的含义是指站在道义、仁义的方面，会得到多数人的支持帮助；而违背道义、仁义，必然陷于孤立。中心论点即开篇句。孟子提出了三个概念，即天时、地利、人和，并将这三者加以比较，层层推进。

首句，作者提出中心论点。由天时、地利、人和三者相互比较组成。两个“不如”相连，表示了递进关系，一个比一个重要。这样提出论点，更显得观点鲜明。

从“三里之城”到“是天时不如地利也”，论证了“天时不如地利”。作者认为，攻方之所以敢大军压境，是因为在“天时”上占了优势，但守方可凭借“地利”进行抵抗；攻方久攻不下，军心涣散，必然失败。这充分地证明了“天时不如地利”这一论断的正确性。

从“城非不高也”到“是地利不如人和也”，论证了“地利不如人和”。本可以取得战争的最后胜利，结果却“委而去之”，原因就在于内部不“和”，有好条件也发挥不了作用，反被虽无“地利”而有“人和”的攻者战胜，这就有力地说明了“地利不如人和”的道理。

最后一句，承接上文提出的观点，展开论说。先用三个否定句说明“域民”“固国”“威天下”不能仅靠“天时”与“地利”的条件，从反面进一步强调了“人和”的重要性；接着又进一步指出“寡助之至”会众叛亲离，而“多助之至”则天下归顺；最后以“故君子有不战，战必胜矣”作结，将“人和”的重要意义论述得十分透彻，深化了文章的中心思想。

我们通常用“得道多助，失道寡助”这句话来表示合乎正义者就能得到多方面的支持与帮助，违背正义者就会陷入孤立无援的境地。在这里，我们把“道”理解为“正义”。那么，什么叫“正义”？《现代汉语词典》中说，“正义”是指“公正的、有利于人民的道理”。这是富于现代气息的理解，也和它最初的含义一脉相承。

孟子在这里说的“得道”和“失道”的人，都不是指普通的个人，而是指一国之君。一国之君既是战争的总指挥，也是政治上的领袖。孟子通过论述战争胜负的问题，引出了“得道多助，失道寡助”的观点。在孟子看来，“民心向背”对于战争具有根本性的意义，对于政治也具有同样重要的意义。

思考寄语

从国家层面上讲，在世界政治的运作中，是否合乎道义正在成为处理国家与国家、民族与民族之间关系的准则，“得道多助，失道寡助”将成为未来影响世界政治格局的重要观念。从社会角度上讲，在构建和谐社会的过程中，讲道德、守正义的人往往会得到人们的尊重与爱戴。新时期的青年学生要不断加强修养，富有正义感，为中华民族的伟大复兴而努力。

3 朋党论（节选）

诵读主体

臣闻朋党之说，自古有之，惟幸人君辨其君子小人而已。大凡君子与君子以同道为朋，小人与小人以同利为朋，此自然之理也。

然臣谓小人无朋，唯君子则有之。其故何哉？小人所好者禄利也，所贪者财货也。当其同利之时，暂相党引以为朋者，伪也；及其见利而争先，或利尽而交疏，则反相贼害，虽其兄弟亲戚，不能自保。故臣谓小人无朋，其暂为朋者，伪也。君子则不然。所守者道义，所行者忠信，所惜者名节。以之修身，则同道而相益；以之事国，则同心而共济，终始如一，此君子之朋也。故为人君者，但当退小人之伪朋，用君子之真朋，则天下治矣。

知人论世

欧阳修（1007—1072），字永叔，号醉翁，晚号六一居士，吉州永丰（今江西吉安市永丰县）人，北宋政治家、文学家，且在政治上负有盛名。因吉州原属庐陵郡，以“庐陵欧阳修”自居。官至翰林学士、枢密副使、参知政事，谥号文忠，世称“欧阳文忠”。后人又将其与韩愈、柳宗元和苏轼合称“千古文章四大家”。与韩愈、柳宗元、苏轼、苏洵、苏辙、王安石、曾巩被世人称为“唐宋散文八大家”。

欧阳修一生淡泊名利，学术上对当时的僵化风尚和陈旧价值观进行抵制和反驳。在当时随波逐流、人人自保的人文环境中，欧阳修身居高位，仍坚守大节，保持人格尊严，体现自我的人生价值，抵拒习惯势力和庸俗无聊的生存状态，自觉地担当社会责任。从他身上，我们可以汲取勇于担当的因子，来培育抵拒庸俗、无聊的抗体。这也是今天我们纪念欧阳修的重要意义。

阅读鉴赏

译文：

臣听说关于朋党的言论，是自古就有的，只是希望君主能分清他们是君子还是小人就好了。大概君子与君子因志趣一致结为朋党，而小人则因利益相同结为朋党，这是很自然的规律。

但是臣以为：小人并无朋党，只有君子才有。这是什么原因呢？小人所爱所贪的是薪俸钱财。当他们利益相同的时候，暂时地互相勾结成为朋党，那是虚假的；等到他们见到利益而争先恐后，或者利益已尽而交情淡漠之时，就会反过来互相残害，即使是兄弟亲戚，也不会互相保护。所以说，小人并无朋党，他们暂时地结为朋党，也是虚假的。君子就不是这样。他们坚持的是道义，履行的是忠信，珍惜的是名节。用这些来提高自身修养，那么志趣一致就能相互补益。用这些来为国家做事，那么观点相同就能共同前进，始终如一，这就是君子的朋党啊。所以，做君主的，只要能斥退小人的假朋党，进用君子的真朋党，那么天下就可以安定了。

第一段，作者引用时人的观点。朋党之说，从古就有，关键在于君主能否识别朋党的类型。君子与君子结合而成的朋党，以道为维系纽带，是君子之朋；小人与小人结合而成的朋党，以利为维系纽带，是小人之朋。

第二段，作者提出自己的观点。君子之朋，是真朋党；小人之朋，是假朋党。为什么呢？因为维系小人之朋的是利益，利益是有限的，一旦利益消失，小人之朋就无以维系，小人与小人之间就会发生矛盾，甚至相互争斗，所以小人之朋是暂时的，是假的。君子则不一样。君子的共同特点是坚守道义、行为忠信、爱惜名声。君子之朋依靠道来维系。用道来修身，同道之人相互帮助；用道来治国，则同道之人同心协力。君子之朋能够做到始终如一，所以是真朋党。

在我国古代，历来对结党之事甚为谨慎，封建统治者特别忌讳一些文人集聚并形成派系问题，因而总是以朋党之名进行打压，甚至发生了许多因为朋党而遭到残酷对待的悲剧，对此，欧阳修则有自己的思考，通过进一步的分析，得出了令人信服的结论。这个分析不回避朋党的存在，但他认为并不是所有朋党都是洪水猛兽，没有必要对其感到恐惧。这是因为对于朋党必须要客观地厘清其立场。

欧阳修既是个理论家，也是个践行者，作为针砭时弊之说，他于当时提出了这个正确区别朋党而善加使用的观点，核心是维护国家统治的安全，为江山社稷着想。作为人君，一定要慧眼识才，合理使用，才能实现国家中兴、长治久安。

在这点上，欧阳修可谓是时代的先知、先觉者，即使是放在今天，也有着深刻的现实意义，值得借鉴。

思考寄语

首先，我们一定要读圣贤之书，明忠义仁孝之理。一个人可以不必对国家有巨大的贡献，但是一定要成为对社会有用处的人。其次，我们结交朋友，一定要向那些君子党派的人（指那些有着优雅情操、高尚品德的人）靠拢。在生活中，远离那些只图利益的人，因为他们只会看到眼前的利益，志趣高尚的君子则不同，希望同学们都能够拥有君子的友谊。

4 短歌行

诵读主体

对酒当歌，人生几何！
譬如朝露，去日苦多。
慨当以慷，忧思难忘。
何以解忧？唯有杜康。
青青子衿，悠悠我心。
但为君故，沉吟至今。
呦呦鹿鸣，食野之苹。
我有嘉宾，鼓瑟吹笙。
明明如月，何时可掇？
忧从中来，不可断绝。
越陌度阡，枉用相存。
契阔谈谯，心念旧恩。

月明星稀，乌鹊南飞。
绕树三匝，何枝可依？
山不厌高，海不厌深。
周公吐哺，天下归心。

知人论世

曹操（155—220），字孟德，小字阿瞒，沛国谯县（今安徽亳州）人。东汉末年杰出的政治家、军事家、文学家，三国中曹魏政权的奠基人。

东汉末年，天下大乱，曹操以汉天子的名义征讨四方，对内消灭二袁、吕布、刘表、韩遂等割据势力，对外降服南匈奴、乌桓、鲜卑等，统一了中国北方，并实行一系列政策恢复经济生产和社会秩序。曹操在世时，担任东汉丞相，后为魏王，其子曹丕称帝后，曹操被追尊为武皇帝，庙号太祖。

曹操精兵法，善诗歌。其诗歌多抒发自己的政治抱负，并反映汉末人民的苦难生活，气魄雄伟，慷慨悲凉。散文清峻整洁，开启并繁荣了建安文学，给后人留下了宝贵的精神财富，史称“建安风骨”。鲁迅评价曹操为“改造文章的祖师”。

关于本诗的创作时间，有人认为是作于汉建安元年（196），曹操迁汉献帝于许都之际，是曹操与手下心腹荀彧等人的唱和之作。

阅读鉴赏

这首《短歌行》的主题非常明确，就是曹操求贤若渴，希望人才都来投靠自己。《短歌行》实际上是一曲“求贤歌”，又正因为运用了诗歌的形式，含有丰富的抒情成分，所以能起到独特的感染作用，有力地宣传了他所坚持的主张，配合了他所颁发的政令。

“对酒当歌，人生几何？譬如朝露，去日苦多。慨当以慷，忧思难忘。何以解忧，唯有杜康。”在开头八句里，曹操一出场就开始说愁，愁得不得了，甚至需要以酒解忧，那么他在愁什么呢？我们继续往下看。

“青青子衿，悠悠我心。但为君故，沉吟至今。呦呦鹿鸣，食野之苹。我有嘉宾，鼓瑟吹笙。”在这八句里，曹操连续用典，“青青子衿，悠悠我心。纵我不往，子宁不嗣音？”出自《诗经·郑风·子衿》，在这句话里，曹操变身为幽怨的小女子，想念自己的心上人。（你那青青的衣领啊，深深萦回在我的心灵。虽然我不能去找你，你为什么不主动给我音信？）在这里，曹操从另一个角度说出了自己对贤才的渴求。“纵我不往，子宁不嗣音？”这一句，曹操虽然没有引用，但是却暗含了他想对贤才说的话，那就是“就算我没有去找你们，你们为什么不主动来投奔我呢？”含而不露地表现了自己的心志。

“呦呦鹿鸣，食野之苹。我有嘉宾，鼓瑟吹笙。”这四句出自《诗经·小雅·鹿鸣》，描写的是宾主欢宴的情景。曹操在这里暗示人才，如果人才来的话他将会以宾客之礼相待。

其实文章写到这里，许多人就应该明白自己的意思了。但是曹操作为一代文章大家，即使文已过半也没有直接说出自己求才的心志，然后又是八句，“明明如月，何时可掇。忧从中来，不可断绝。越陌度阡，枉用相存。契阔谈谦，心念旧恩”。

这八句曹操又和第一部分、第二部分联系起来。首先，前四句，是对第一部分的一个照应，说明自己对缺少贤才的忧愁。然后，后四句，是对第二部分的一个强调和照应，描绘了贤才到来的情景。“天上的明月常在运行，不会停止。”而曹操对贤才的渴求也不会有终尽。

再看最后八句：“月明星稀，乌鹊南飞。绕树三匝，何枝可依？山不厌高，海不厌深。周公吐哺，天下归心。”这八句，可谓是曹操本文的主旨，也是本文的点睛之笔。“月明星稀，乌鹊南飞。绕树三匝，何枝可依？”这四句中，曹操在告诉人才：“你不要犹豫不定，也不要三心二意，要善于择枝而栖。”其实内含的意思就是“不要犹豫啦，快来找我吧”。曹操以这一句来劝告在三国鼎立局势下犹豫不定的人才们。曹操对这些人并没有表露出鄙陋之情，反而表现出一种关心之情、体贴之意。最后四句，“山不厌高，海不厌深。周公吐哺，天下归心”。这四句中的前两句和“明明如月，何时可掇”表达的是同一个意思，都说明了曹操对于人才的无限渴求。而“周公吐哺，天下归心”这两句用的是周公旦的典故，曹操将自己比喻成周公旦，表达了自己的求贤若渴。

换个角度看曹操的《短歌行》，这就像是一则现代的招聘启事。在启事里，曹操整篇都在讲：来我们公司吧！我们公司特别好，工资高，待遇好！在这里，你的才能能够得到充分地发挥，在这里，我们可以提供给你展现自我的平台。然后再告诉那些人才：千万不要去另外两家公司，去了你们一定会后悔的。

《短歌行》无论是在思想内容，还是在艺术手法上都取得了极高的成就，语言质朴，立意深远，气势充沛。

思考寄语

《短歌行》是曹操在赤壁之战前夕，宴请群臣时的意气风发之作。“周公吐哺，天下归心”，虽然是在说他对天下贤才的渴盼，但也可看出他雄霸天下的野心。故而，可以说该诗对现代人有一定激励意义。它鼓励人们不断地积极向上，达到自己理想目标高度，从而实现梦想。

5 富贵不能淫

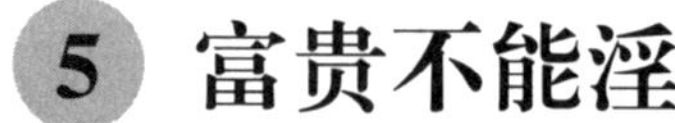

诵读主体

景春曰：“公孙衍、张仪岂不诚大丈夫哉？一怒而诸侯惧，安居而天下熄。”

孟子曰：“是焉得为大丈夫乎？子未学礼乎？丈夫之冠也，父命之；女子之嫁也，母命之，往送之门，戒之曰：‘往之女家，必敬必戒，无违夫子！’以顺为正者，妾妇之道也。居天下之广居，立天下之正位，行天下之大道。得志，与民由之；不得志，独行其道。富贵不能淫，贫贱不能移，威武不能屈。此之谓大丈夫。”

知人论世

详见本册《得道多助，失道寡助》的“知人论世”部分。

阅读鉴赏

译文：

景春说："公孙衍、张仪难道不是真正的大丈夫吗？他们一发怒，诸侯们都害怕；他们安静下来，天下便没有战火。"

孟子说："这哪能算是大丈夫呢？你没有学过礼吗？男子行加冠礼时，父亲训导他；女子出嫁时，母亲训导她，送她到门口，告诫她说：'到了夫家，一定要恭敬，一定要谨慎，不要违背丈夫！'把顺从当作原则，是妇人家遵循的道理。（公孙衍、张仪在诸侯面前竟也像妇人一样！）居住在天下最广大的住宅'仁'里，站立在天下最正确的位置'礼'上，行走在天下最宽广的道路'义'上。能实现理想时，就与人民一起走这条正道；不能实现理想时，就独自行走在这条正道上。富贵不能迷乱他的思想，贫贱不能改变他的操守，强权不能屈服他的意志，这才叫作大丈夫。"

《富贵不能淫》讲述了孟子批驳景春关于大丈夫的错误言论。我们首先来看文章批驳的"靶子"，即景春的观点。景春认为，公孙衍、张仪之流是大丈夫，为此，他用反问句向孟子询问说："公孙衍、张仪岂不诚大丈夫哉？"言外之意就是，公孙衍和张仪是真正的大丈夫。景春提出这个观点的依据是，公孙衍、张仪能够左右诸侯，"一怒而诸侯惧，安居而天下熄"，他们发起怒来，诸侯们都会害怕，安静下来，天下就会平安无事，他们威风八面、权倾天下，能够左右时局。

针对景春的"论点"和"论据"，孟子先破后立，先批驳景春的错误观点，再阐述什么是真正的大丈夫。首先，孟子针锋相对地用了一个反问句："是焉得为大丈夫乎？"这个怎么能够叫大丈夫呢？对景春的观点给予了直接的否定。

其次，孟子进行分析，回答了公孙衍、张仪之流为什么不能称为大丈夫的问题。孟子的说法含蓄而幽默，只是通过言"礼"来说明女子出嫁时母亲的嘱咐，由此得出"以顺为正者，妾妇之道也"。古人认为，妻道如臣道，臣对于君，当然也应该顺从，但顺从的原则是以正义为标准，如果君行不义，臣就应该劝谏。妻子对丈夫也是这样，妻子固然应当顺从丈夫，但是，夫君有过，妻也当劝说补正。应该是"和而不同"。只有太监、婢妾之流，才是不问是非，以一味顺从为原则，实际上，也就是没有任何原则。

孟子的挖苦是深刻而尖锐的，对公孙衍、张仪之流可以说是深恶痛绝。孟子针锋相对地提出了真正的大丈夫之道。这就是他那流传千古的名言："富贵不能淫，贫贱不能移，威武不能屈。"怎样做到？那就得"居天下之广居，立天下之正位，行天下之大道"。还是回到儒学所一贯倡导的仁义礼智上去了。这样做了以后，再抱以"得志，与民由之；不得志，独行其道"的立身处世态度，也就是孔子所谓的"用之则行，舍之则藏"，以及孟子所说的"穷则独善其身，达则兼济天下"，那就能够成为堂堂正正的大丈夫了。

思考寄语

“富贵不能淫，贫贱不能移，威武不能屈。”这不仅是一句高洁的话语，更是中华民族几千年来的传统美德，应当落实到每个人的心中。仁、义、礼、忠的精神需要我们传承和发扬。这句话指导我们在现如今的社会生活当中，要坚守做人的道德准则，保持本心，不能轻易地被社会上的浮华所诱惑，并注重提高自我道德素质，为社会良好风气做出贡献。

6 记住回家的路（节选）

诵读主体

生活在今日的世界上，心灵的宁静不易得。这个世界既充满着机会，也充满着压力。机会诱惑人去尝试，压力逼迫人去奋斗，都使人静不下心来。我不主张年轻人拒绝任何机会，逃避一切压力，以闭关自守的姿态面对世界。年轻的心灵本不该静如止水，波澜不起。世界是属于年轻人的，趁着年轻到广阔的世界上去闯荡一番，原是人生必要的经历。所须防止的只是，把自己完全交给了机会和压力去支配，在世界上风风火火或浑浑噩噩，迷失了回家的路途。

每到一个陌生的城市，我的习惯是随便走走，好奇心驱使我去探寻这里热闹的街巷和冷僻的角落。在这途中，难免暂时地迷路，但心中一定要有把握，自信能记起回住处的路线，否则便会感觉不踏实。我想，人生也是如此。你不妨在世界上闯荡，去建功创业，去探险猎奇，去觅情求爱，可是，你一定不要忘记了回家的路。这个家，就是你的自我，你自己的心灵世界。

知人论世

周国平，中国当代著名学者、作家、哲学研究者，是中国研究哲学家尼采的著名学者之一。

著有学术专著《尼采：在世纪的转折点上》《尼采与形而上学》，随感集《人与永恒》，散文集《守望的距离》《各自的朝圣路》《安静》，纪实作品《妞妞：一个父亲的札记》《南极无新闻——乔治王岛手记》等。1998年底以前作品结集为《周国平文集》（1~6卷），译有《尼采美学文选》《尼采诗集》等。

其散文长于用文学的形式谈哲学，诸如生命的意义、死亡、性与爱、自我、灵魂与超越等，虔诚探索现代人精神生活中的普遍困惑，重视观照心灵的历程与磨难，寓哲理于常情中，深入浅出，平易之中多见理趣。

阅读鉴赏

周国平的这篇《记住回家的路》（节选）告诉我们，在当今纷扰芜杂、竞争激烈、人格容易物化扭曲的商品经济社会中，人们更应该保持健康的人格，追求精神的纯洁及心灵的宁静。

生活在今日的世界上，心灵的宁静不易得。世界是属于年轻人的，趁着年轻到广阔的世界去闯荡一番，原是人生必要的经历。我们要防止的是，把自己完全交给了机会和压力去支配，难免暂时地迷路，但心中一定要有把握，自信能记起回住处的路线，不再迷路。周国平说："一个人为了实现自我，必须先在非我的世界里漫游一番，但是有许多人就迷失在这漫游途中，沾沾自喜他们在社会上的小小成功，不再想回到自我，成功使他们离自我越来越远，终于成为随波逐流之辈。"说的就是这个意思。

有一些人，他们永远被外界的力量左右着，永远生活在喧闹的外部世界里，未曾有过真正的内心生活。对于这样的人，心灵的宁静就无从谈起。自我是一个中心点，一个人有了坚实的自我，他在这个世界上便有了精神的坐标，无论走多远都能够找到回家的路。或者说，一个有着坚实的自我的人便仿佛有了一个精神的密友，他无论走到哪里都带着这个密友，这个密友将忠实地分享他的一切遭遇，倾听他的一切心语。

如果一个人有自己的心灵追求，又有了相当的人生阅历，那么，他就会逐渐认识到自己在这个世界上的位置，找到最适合自己的领域。一个人不论伟大还是平凡，只要顺应自己的本性，找到了自己真正喜欢做的事，并且一心把自己喜欢做的事做得尽善尽美，那么在这世界上就有了永远的家园。

思考寄语

当今社会，所有人都面临着太多的诱惑，心灵家园很可能丢失。我们不但需要有足够的勇气去承受外界的压力，而且要有足够的清醒去面对外界形形色色的诱惑。

只要有了牢不可破的心灵家园，再大的压力都扛得住，再大的困难也顶得住，再失败的过去也放得下，再痛苦的事情也想得开。这样的一个人，必定会获得生活的充实和内心的宁静。

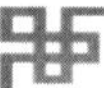

7 可爱的中国（节选）

诵读主体

朋友，不幸得很，从此以后，中国又走上了厄运，环境又一天天地恶劣起来了。经过“五三”的济南惨案，直到“九一八”，日本帝国主义公然出兵占领了中国东北四省，就是我在上面所说的那矮的恶魔，一刀砍下并生吞下我们母亲五分之一的身体。这是由于中国民族革命运动，受了挫折，对于中国进攻采取了“不抵抗主义”，没有积极唤起国人自救所致！但是，朋友，接着这一不幸的事件而起的，却来了全国汹涌的抗日救国运动，东北四省前仆后继的义勇军的抗战，以及“一·二八”有名的上海战争。这些是给了骄横一世的日本军阀一个严重的教训，并在全世界人类面前宣告，中国的人民和兵士，不是生番，不是野人，而是有爱国心的，而是能够战斗的，能够为保卫中国而牺牲的。谁要想将有四千年历史与四万万人口的中国民族吞噬下去，我们是会与他们拼命战斗到最后的一人！

朋友，虽然在我们之中，有汉奸，有傀儡，有卖国贼，他们认仇作父，为虎作伥；但他们那班可耻的人，终究是少数，他们已经受到国人的抨击和唾弃，而渐趋于可鄙的结局。大多数的中国人，有良心有民族热情的中国人，仍然是热心爱护自己的国家的。现在不是有成千成万的人在那里决死战斗吗？他们决不让中国被帝国主义所灭亡，决不让自己和子孙们做亡国奴。朋友，我相信中国民族必能从战斗中获救，这岂是我们的自欺自誉吗？

不错，目前的中国，固然是江山破碎，国弊民穷，但谁能断言，中国没有一个光明的前途呢？不，决不会的，我们相信，中国一定有个可赞美的光明前途。中国民族在很早以前，就造起了一座万里长城和开凿了几千里的运河，这就证明中国民族伟大无比的创造力！中国在战斗之中一旦斩去了帝国主义的锁链，肃清自己阵线内的汉奸卖国贼，得到了自由与解放，这种创造力，将会无限地发挥出来。到那时，中国的面貌将会被我们改造一新。所有贫穷和灾荒，混乱和仇杀，饥饿和寒冷，疾病和瘟疫，迷信和愚昧，以及那慢性的杀灭中国民族的鸦片毒物，这些等等都是帝国主义带给我们可憎的赠品，将来也要随着帝国主义的赶走而离去中国了。朋友，我相信，到那时，到处都是活跃的创造，到处都是日新月异的进步，欢歌将代替了悲叹，笑脸将代替了哭脸，富裕将代替了贫穷，健康将代替了疾病，智慧将代替了愚昧，友爱将代替了仇杀，生之快乐将代替了死之忧伤，明媚的花园将代替了暗淡的荒地！这时，我们民族就可以无愧色地立在人类的面前，而生育我们的母亲，也会最美丽地装饰起来，与世界上各位母亲平等地携手了。

这么光荣的一天，绝不在辽远的将来，而在很近的将来，我们可以这样相信的，朋友！

知人论世

方志敏（1899—1935），江西省上饶市弋阳县人，无产阶级革命家、政治家、军事家，杰出的农民运动领袖，土地革命战争时期闽浙（皖）赣革命根据地的创建者。1935年1月，方志敏因叛徒告密被捕。在狱中，他坚贞不屈，视死如归，1935年8月在南昌英勇就义。作品有《清贫》《可爱的中国》《狱中纪实》等。

阅读鉴赏

《可爱的中国》这本书为革命烈士方志敏的狱中绝笔，在生命最后的六个月里，方志敏克服了难以想象的饥寒病痛，在敌人眼皮子底下奋笔疾书，笔耕不辍，将自己的革命斗争经验写成文稿，字里行间充满着一位铁血战士对祖国，对民族，对受压迫的人民的生存大爱。

作者以亲身经历概括了中国从五四运动到第二次国内革命战争以来的悲惨历史，愤怒地控诉了帝国主义肆意欺侮中国人民的种种罪行。他满怀爱国主义激情，把祖国比喻为“生育我们的母亲”；可是，美丽健壮而可爱的母亲，却正受着“无谓屈辱和残暴的蹂躏”，强盗、恶魔残害她，掠夺她，肢解她的身体，吮吸她的血液，汉奸军阀帮助恶魔杀害自己的母亲。作者高声疾呼：“救救母亲呀！母亲快要死去了！”他指出，挽救祖国的“唯一出路”就是进行武装斗争，论证“中国是有自救的力量的”，坚信中华民族必能从战斗中获救，并在篇末展示了中国革命的光明前景，描绘出革命后祖国未来的美好幸福的景象，表现了强烈的民族自信。在这篇散文中，作者首先对当时的国民党反动派认为共产党人的革命“只顾工农阶级利益，而忽视了民族利益”这一原则性的问题进行了讨论，并予以反驳，打破那些武断者诬蔑的谰言；其次寄语后人：人一定要有一种自强不息的精神，不要被一时的困难所吓倒。

《可爱的中国》运用了大量的修辞手法，具有鲜明的语言特色，表现了作者精确的描写和强烈的激情相结合的艺术效果。生动的比喻，使作品形象生动，增强了艺术感染力；大量的排比句，使作品体现出排山倒海的气势。

全文感情真挚，爱憎分明，跌宕起伏，文辞优美，充分表现了一位共产主义战士为民族解放而呼号，为领土主权完整而斗争的崇高的爱国主义精神，具有极强的艺术震撼力！

思考寄语

习近平总书记指出，中国革命历史是最好的营养剂，多学习多重温，心中会增添许多正能量。方志敏精神是中国共产党最宝贵的精神财富之一。我们当以史为镜，注入奋发向上的力量，在实现中华民族伟大复兴中国梦的征程中，以革命先烈为榜样，忠诚担当，改革创新，不断奋进。

8 平凡的世界（节选）

诵读主体

多少美好的东西消失和毁灭了，世界还像什么事也没有发生。是的，生活在继续着。可是生活中的每一个人却在不断地失去自己最珍贵的东西。生活永远是美好的，人的痛苦却时时在发生……

伟大的生命，不论以何种形式，将会在宇宙间永存。我们这个小小星球上的人类，也将继续繁衍和发展，直至遥远的未来。可是，生命对于我们来说又多么短暂。不论是谁，总有一天，都将会走向自己的终点，死亡，这是伟人和凡人共有的最后归宿。热情的诗人高唱生命的恋歌，而冷静的哲学家却说：死亡是自然法则的胜利……

美丽的花朵凋谢了也是美丽的。是的，美丽，美丽的花朵永不凋谢；那花依然在他心头开放……

瞧，又是春天了。复苏的万物就是生命的写照。

生活总是美好的，生命在其间又是如此短暂；既然活着，就应该好好地活。

精神上的消沉无异于自杀。

有时候，往往一个极偶然的因素，就可能会改变一个人的生活。

……她懂得幸福不在于自己的丈夫从事什么样的职业，而在于两个人是否情投意合。金钱、荣誉、地位和真正的爱情并不相干——从古到今，向来如此！只要和自己所爱的人在一起，即便到天涯海角去生活也是幸福的。

不知为什么，他猛然间想起了叶赛宁的几句诗：不惋惜，不呼唤，我也不啼哭……金黄的落叶堆满我心间，我已经再不是青春少年……

院墙下爆开了一丛金灿灿的迎春花。这就是生命！没有什么力量能扼杀生命。生命是这样顽强，它对抗的是整整一个严寒的冬天，冬天退却了，生命之花却蓬勃地怒放。你为了这瞬间的辉煌，忍耐了多少暗淡无光的日月？你会死亡。但你也会证明生命有多么强大。死亡的只是躯壳，生命将涅槃，生生不息，并会以另一种形式永存。只要春天不死，生命就不会死。就会有迎春的花朵年年岁岁开放。哦，迎春花……

生活似乎走了一个令人难以置信的圆。

但生活又不会以圆的形式结束。生活会一直走向前。

知人论世

路遥（1949—1992），本名王卫国，出生于陕北榆林清涧县，中国当代著名作家，代表作有长篇小说《平凡的世界》《人生》等。曾任中国作家协会陕西分会副主席。

路遥1949年12月2日出生于陕西陕北山区清涧县一个贫困的农民家庭，7岁时因为家里困难被过继给延川县农村的伯父。曾在延川县立中学学习，1969年回乡务农。这段时间里他做过许多临时性的工作，并在农村一小学教过一年书。1973年进入延安大学中文系学习，其间开始文学创作。大学毕业后，任《陕西文艺》（今为《延河》）编辑。1980年发表《惊心动魄的一幕》，获得第一届全国优秀中篇小说奖。1982年发表中篇小说《人生》，后被改编为电影。1988年完成百万字的长篇巨著《平凡的世界》，该小说以恢宏的气势和史诗般的品格，全景式地呈现了改革时代中国城乡的社会生活和人们思想情感的巨大变迁，还未完成即在中央人民广播电台广播。路遥因此获得茅盾文学奖。1992年11月17日上午，路遥因肝硬化腹水医治无效在西安逝世。

2018年12月18日，党中央、国务院授予路遥“改革先锋”称号，颁授改革先锋奖章，并把他评为鼓舞亿万农村青年投身改革开放的优秀作家。2019年9月25日，路遥被评选为“最美奋斗者”。

阅读鉴赏

《平凡的世界》是路遥创作的一部全景式地呈现中国当代城乡社会生活的百万字长篇小说。全书共三部。1986年12月首次出版。

该书以中国20世纪70年代中期到80年代中期十年间为背景，通过复杂的矛盾纠葛，以孙少安和孙少平两兄弟为中心，刻画了当时社会各阶层众多普通人的形象；劳动与爱情、挫折与追求、痛苦与欢乐、日常生活与巨大社会冲突纷繁地交织在一起，深刻地展示了普通人在大时代历史进程中所走过的艰难曲折的道路。

第一部分：1975年初，农民子弟孙少平到原西县高中读书，他贫困，自卑；后对处境相同的地主家庭出身的郝红梅产生情愫，在被同班同学侯玉英发现并当众说破后，与郝红梅关系渐变恶劣，后来郝红梅却与家境优越的顾养民恋爱。少平高中毕业，回到家乡做了一名教师。但他并没有消沉，他与县革委副主任田福军的女儿田晓霞建立了友情，在晓霞的帮助下关注着外面的世界。少平的哥哥少安一直在家劳动，与村支书田福堂的女儿——县城教师田润叶青梅竹马。少安和润叶互有爱慕之心，却遭到田福堂反对。经过痛苦的煎熬，少安到山西与勤劳善良的秀莲相亲并结了婚，润叶也只得含泪与父亲介绍的一直对她有爱慕之情的李向前结婚。这时，农村生活混乱，又遇上了旱灾，田福堂为了加强自己的威信，组织偷挖河坝与上游抢水，不料竟出了人命。为了“农业学大寨”，他好大喜功炸山修田叫人搬家又弄得天怒人怨。生活的航道已到了非改变不可的地步。

第二部分：1979年春，党的十一届三中全会后，百废待兴，又矛盾重重，田福堂连夜召开支部会抵制责任制，孙少安却领导生产队率先实行，接着也就在全村推广了责任制。头脑灵活的少安又进城拉砖，用赚的钱建窑烧砖（大部分为贷款），成了公社的“冒尖户”。少平青春的梦想和追求也激励着他到外面去“闯荡世界”，他从漂泊的揽工汉成为正式的建筑工人，最后又获得了当煤矿工人的好机遇，他的女友晓霞从师专毕业后到省报当了记者，他们相约两年后再相会。润叶远离她不爱的丈夫到团地委工作，钟情痴心的丈夫酒后开车致残，润叶感到内疚回到丈夫身边，开始一起生活。她的弟弟润生也已长大成人，他在异乡与命运坎坷的郝红梅邂逅，终于两人结为夫妻。往昔主宰全村命运的强人田福堂，不仅对新时期的变革抵触，同时也为女儿、儿子的婚事窝火，加上病魔缠身，弄得焦头烂额。

第三部分：1982年，孙少平到了煤矿，尽心尽力地干活，从一名学生变成了一名优秀工人。可是，就在孙少平与田晓霞产生强烈感情的时候，田晓霞却因在抗洪采访中为抢救灾民光荣牺牲了，后来田福军给孙少平发了封电报，少平悲痛不已。少安的砖窑也有了很大发展，他决定贷款扩建机器制砖，不料因技师根本不懂技术，砖窑蒙受了很大损失，后来在朋友和县长的帮助下他再度奋起，通过几番努力，终于成了当地社会主义建设的领头人。却没想到，少安的妻子秀莲，在欢庆由他家出资一万五千元扩建的小学会上口吐鲜血，确诊肺癌。润叶生活幸福，生了个胖儿子，润生和郝红梅的婚事也终于得到了父母的承认，并添了可爱的女儿。27岁的少平在一次事故中为救护徒弟也受了重伤，英俊面容尽毁，却遇少时玩伴金波之妹表白，少平为她的前途与自己的感情选择拒绝；他们并没有被不幸压垮，少平从医院出来，面对了现实，又充满信心地回到了矿山，迎接他新的生活与挑战。

路遥三年准备、三年创作，为了开阔视野、掌握资料，他进行了大量的阅读，包括近百部长篇小说，前后近十年的报纸以及其他相关书籍，过着“早晨从中午开始”的生活，同时，他还奔波于社会各阶层体验生活。1991年3月，《平凡的世界》获中国第三届茅盾文学奖。2019年9月23日，该小说入选“新中国70年70部长篇小说典藏”。

思考寄语

人生就是永不休止的奋斗！只有选定目标并在奋斗中感到自己的努力没有虚掷，这样的生活才是充实的，精神也会永远年轻。在人生旅途中，我们要有既定的人生目标、坚定的信仰与持之以恒的努力去挑战未来，只有这样，平凡的世界才是不平凡的。

9 少年中国说（节选）

诵读主体

故今日之责任，不在他人，而全在我少年。少年智则国智，少年富则国富，少年强则国强，少年独立则国独立，少年自由则国自由，少年进步则国进步，少年胜于欧洲则国胜于欧洲，少年雄于地球则国雄于地球。

红日初升，其道大光。河出伏流，一泻汪洋。潜龙腾渊，鳞爪飞扬。乳虎啸谷，百兽震惶。鹰隼试翼，风尘吸张。奇花初胎，矞矞皇皇。干将发硎，有作其芒。天戴其苍，地履其黄。纵有千古，横有八荒。前途似海，来日方长。

美哉，我少年中国，与天不老！壮哉，我中国少年，与国无疆！

知人论世

梁启超（1873—1929），字卓如，一字任甫，号任公，又号饮冰室主人、饮冰子。清朝光绪年间举人，中国近代思想家、政治家、教育家、史学家、文学家，戊戌变法（百日维新）领袖之一，中国近代维新派、新法家代表人物。

戊戌变法失败后，梁启超与康有为一起流亡日本，政治思想上逐渐走向保守，但他是近代文学革命运动的理论倡导者。逃亡日本后，梁启超在《饮冰室合集》《夏威夷游记》中继续推广“诗界革命”，批判了以往那种诗中运用新名词以表新意的做法。在海外推动君主立宪。辛亥革命之后，一度加入袁世凯政府，担任司法总长；之后对袁世凯称帝、张勋复辟等进行严词抨击，并加入段祺瑞政府。他倡导新文化运动，支持五四运动。其著作合编为《饮冰室合集》。

阅读鉴赏

译文：

所以，今天的责任，不在别人身上，全在我们少年身上。少年聪明国家就聪明，少年富裕国家就富裕，少年强大国家就强大，少年独立国家就独立，少年自由国家就自由，少年进步国家就进步，少年胜过欧洲，国家就胜过欧洲，少年称雄于世界，国家就称雄于世界。

红日刚刚升起，道路充满霞光。黄河从地下冒出来，汹涌奔泻浩浩荡荡。潜龙从深渊中腾跃而起，它的鳞爪舞动飞扬。小老虎在山谷吼叫，所有的野兽都害怕惊慌。雄鹰隼鸟振翅欲飞，风和尘土高卷飞扬。奇花刚开始孕育蓓蕾，灿烂明丽、茂盛茁壮。干将剑新磨，闪射出光芒。头顶着苍天，脚踏着大地，从纵的时间看，有悠久的历史，从横的空间看，有辽阔的疆域。前途像海一般宽广，未来的日子无限远长。美丽啊，我的少年中国，将与天地共存不老！雄壮啊，我的中国少年，他们的精神与胸襟将和祖国大地一样万寿无疆！

《少年中国说》是一部极其鼓舞人心的中华传统文化经典之作。

这篇政论是梁启超新文体的典范之作，写于戊戌变法夭折后流亡日本之时，当时清王朝的反动统治摇摇欲坠，中国正面临被帝国主义列强瓜分吞并的境地，国家命运岌岌可危。本文所说的“国”，是理想的资产阶级共和国，作者寄托希望在中国少年身上，并且坚信中国少年必有志士，能使国家富强，雄立于地球。

本文具有强烈的批判性，文章的主要篇幅用于对中国这个“老大帝国”逐层解剖，其中心扣出一个“老”字，作者对那些手握国权却又老朽不堪的人的心理状态做了无情的解剖，他以“老”为中心对清帝国所做的系统批判，确实抓住了封建政体的痼疾，他于字里行间对少年中国的未来虽然充满了炽热的情感，但到底也没能指出一条奔赴未来的可行之路。

本文描绘形象也极具丰富性，作者运用拟人手法，在抽象的逻辑推理中塑造了鲜明、生动的形象，以饱满情感之笔，或说理，或喻事，或状物，不厌其烦地反复强调，淋漓尽致，充分表达了炽热的爱国主义激情，在奔放激荡中给人以摄心动魄般的巨大震撼，极富鼓动性！

思考寄语

作为祖国未来的建设者以及中华民族伟大复兴的实践者，从现在开始我们不仅要学好科学文化知识，还要树立远大的目标，培育责任感以及良好的品德修养。只有德才兼备，才能为社会做出较大的贡献。

10 蜀 相

诵读主体

丞相祠堂何处寻，锦官城外柏森森。
映阶碧草自春色，隔叶黄鹂空好音。
三顾频烦天下计，两朝开济老臣心。
出师未捷身先死，长使英雄泪满襟。

知人论世

《蜀相》一诗，大约为唐肃宗上元元年（760）春天，杜甫初至成都时作。唐肃宗乾元二年（759）12月，杜甫结束了为期四年寓居秦州、同谷（今甘肃成县）的颠沛流离的生活。到了成都，杜甫在朋友的资助下，定居在浣花溪畔。成都是当年蜀汉建都的地方，城西北有诸葛亮庙，称武侯祠。唐肃宗上元元年春天，他探访了诸葛武侯祠，写下了这首感人肺腑的千古绝唱。

阅读鉴赏

译文：

诸葛丞相的祠堂去哪里寻找？锦官城外翠柏长得郁郁苍苍。碧草映照石阶自有一片春色，树上的黄鹂在密叶间空有美妙的歌声。当年先主屡次向您求教大计，辅佐先主开国，扶助后主继业。可惜您出师征战未捷却病死军中，使古今英雄们泪湿衣襟。

这首七律诗借游览古迹，表达了作者对诸葛亮雄才大略和忠心报国的赞颂，以及对他出师未捷而身先死的惋惜，全诗融情、景、议于一体，既有对历史的评说，又有现实的寓托，在历代咏赞诸葛亮的诗篇中，堪称绝唱。

这首诗分为两部分：前四句凭吊丞相祠堂，从景物描写中感怀现实，透露出诗人忧国忧民之心；后四句咏叹丞相才德，从历史追忆中缅怀先贤，又蕴含着诗人对祖国命运的许多期盼与憧憬。

首联两句中，前一句“丞相祠堂何处寻”是自问。这里不称“蜀相”，而用“丞相”二字，使人感到非常亲切。特别是其中的“寻”字，表明此行是有目的地专程来访，而不是漫不经心地信步由之；又因杜甫初到成都，地理不熟，环境生疏，所以才写下了这样一个“寻”字。它有力地表现出杜甫对诸葛亮的强烈景仰和缅怀之情，并因人及物，丞相祠堂是诗人渴望已久、很想瞻仰的地方。后一句以“锦官城外柏森森”自答。这是诗人望中所得的景象，写的是丞相祠堂的外景，点明祠堂的所在地，用来呼应前一句。“柏森森”三个字还渲染了一种安谧、肃穆的气氛。这两句直承《蜀相》的诗题，起得很得势，用的是记叙兼描述的笔墨。

颔联“映阶碧草自春色，隔叶黄鹂空好音”所描绘的这些景物，色彩鲜明，音韵明朗，静动相衬，恬淡自然，无限美妙地表现出武侯祠内那春意盎然的景象。诗人将自己的主观情意渗进了客观景物之中，景中生意，把自己内心的忧伤从景物描写中传达出来，反映出诗人忧国忧民的爱国精神。透过这种爱国思想的折射，诗人眼中的诸葛亮形象就更加光彩照人。

颈联两句写得格外厚重，含义十分丰富，既生动地表述出诸葛武侯的雄才大略、报国苦衷和生平业绩，也生动地表现出他忠贞不渝、坚忍不拔的精神品格，还郑重地道出诗人景仰诸葛武侯的缘由。这一联同时也是杜甫以议论入诗的范例。本来，以抒情为主是诗歌的显著特征，一般不夹有议论。但是杜甫在这方面却打破了常规，常以议论入诗，这不仅使他的诗歌内容有了特色，还体现了杜诗的一种技巧。

“出师未捷身先死，长使英雄泪满襟”，“出师”句指的是诸葛亮为了伐魏，曾经六出祁山的事。蜀后主建兴十二年（234），诸葛亮统率大军，后出斜谷，占据了五丈原，与司马懿隔着渭水相持了一百多天；八月，他病死在军中。“英雄”在这里为泛指，包括诗人自己在内的追怀诸葛亮的有志之士。尾联两句承接着五、六句，表现出诗人对诸葛亮献身精神的崇高景仰和对他事业未竟的痛惜感慨。

在艺术表现上，设问自答，以实写虚，情景交融，叙议结合，结构起承转合、层次波澜，又有炼字琢句、音调和谐的语言魅力，使人一唱三叹，余味不绝。

思考寄语

任何一个时代都需要英雄，都需要英雄身上所散发出来的胸怀祖国、冲锋在前、不畏艰险、不计得失的品质。作为当代青年，正赶上了伟大民族复兴的好时代，要从当下开始，掌握科学知识，未来成为推动时代前进的主力军。

11 子路、曾皙、冉有、公西华侍坐

诵读主体

子路、曾皙、冉有、公西华侍坐。

子曰："以吾一日长乎尔，毋吾以也。居则曰：'不吾知也。'如或知尔，则何以哉？"

子路率尔而对曰："千乘之国，摄乎大国之间，加之以师旅，因之以饥馑；由也为之，比及三年，可使有勇，且知方也。"

夫子哂之。

"求！尔何如？"

对曰："方六七十，如五六十，求也为之，比及三年，可使足民。如其礼乐，以俟君子。"

"赤！尔何如？"

对曰："非曰能之，愿学焉。宗庙之事，如会同，端章甫，愿为小相焉。"

"点！尔何如？"

鼓瑟希，铿尔，舍瑟而作，对曰："异乎三子者之撰。"

子曰："何伤乎？亦各言其志也。"

曰："莫春者，春服既成，冠者五六人，童子六七人，浴乎沂，风乎舞雩，咏而归。"

夫子喟然叹曰："吾与点也！"

三子者出，曾皙后。曾皙曰："夫三子者之言何如？"

子曰："亦各言其志也已矣。"

曰："夫子何哂由也？"

曰："为国以礼，其言不让，是故哂之。""唯求则非邦也与？""安见方六七十如五六十而非邦也者？""唯赤则非邦也与？""宗庙会同，非诸侯而何？赤也为之小，孰能为之大？"

知人论世

孔子（前551—前479），名丘，字仲尼，春秋末期鲁国陬邑（今山东曲阜）人，中国古代伟大的思想家、政治家、教育家，儒家学派创始人。

《论语》内容涉及政治、教育、文学、哲学以及立身处世的道理等多方面。早在春秋后期孔子设坛讲学时期，其主体内容就已初始创成；孔子去世以后，他的弟子和再传弟子代代传授他的言论，并逐渐将这些口头记诵的语录言行记录下来，因此称为“论”；《论语》主要记载孔子及其弟子的言行，因此称为“语”。清朝赵翼解释说：“语者，圣人之语言，论者，诸儒之讨论也。”其实，“论”又有纂的意思，所谓《论语》，是指将孔子及其弟子的言行记载下来编纂成书。现存《论语》20篇，492章，其中记录孔子与弟子及时人谈论之语444章，记录孔门弟子相互谈论之语48章。

阅读鉴赏

译文：

子路、曾皙、冉有、公西华四个人陪孔子坐着。孔子说：“不要觉得我比你们年纪大一点，就不敢在我面前随便说话，你们平时总在说：‘没有人了解我呀！’如果有人了解你们，那么你们打算怎么办呢？”

子路不假思索地回答说：“一个拥有一千辆兵车的国家，夹在几个大国之间，常受外国军队的侵犯，加上内部又有饥荒，（如果）让我去治理这个国家，等到三年后，就可以使人人勇敢善战，而且还懂得做人的道理。”

孔子听了，微微一笑。

（孔子又问）“冉求，你怎么样？”

（冉求）回答说：“一个纵横六七十里，或者五六十里的国家，（如果）让我去治理，等到三年后，就可以使老百姓富足起来。至于修明礼乐，那就只得另请高明了。”

（孔子又问）“公西赤，你怎么样？”

（公西赤）回答说：“我不敢（夸口）说能够胜任，但是愿意学习。在宗庙祭祀的工作中，或者在同别国的会盟中，我愿意穿着礼服，戴着礼帽，做一个小小的赞礼人。”

（孔子又问）“曾点，你怎么样？”

（这时曾点）弹瑟的声音逐渐慢了，接着铿的一声，放下瑟直起身子回答说：“我和他们三位的志向不一样！”

孔子说：“那有什么关系呢？不过是各自谈谈自己的志向罢了。”

（曾点）说：“暮春时节（天气暖和），春天的衣服已经上身了。（我和）五六位成年人，六七个青少年，到沂河里洗洗澡，在舞雩台上吹吹风，一路唱着歌儿回来。”

孔子长叹一声说：“我是赞成曾点的想法呀！”

（子路、冉有、公西华）三个人都出去了，曾皙走在最后。曾皙问：“他们三位的话怎么样？”

孔子说：“也不过是各自谈谈自己的志向罢了。”

（曾皙）说：“您为什么笑仲由呢？”

（孔子）说：“治理国家要讲礼让，可是他说话一点也不谦让，所以我笑他。“难道冉求所讲的就不是国家吗？”“哪里见得纵横六七十里或五六十里就不是国家呢？”“公西赤所讲的不是国家吗？”有自己的宗庙，有同别国的盟会，不是诸侯国家又是什么呢？如果公西赤只能为诸侯做小事，那谁能为诸侯做大事呢？”

本文是《论语》中较富有文学色彩的一章。它通过孔子与其弟子坐而言志的描写，表现了四位弟子不同的性格以及师生对话时融洽的气氛。

全篇写孔门坐而论道，通过富有个性的生动对话，写出了孔门弟子在领悟孔子思想上以及他们各自在性格上的差异。这里有坦率、自信、勇而知方的子路，有审慎谦退的冉求，有年少而怀有向往的公西华，有悠然洒脱、自臻化境的曾皙。个个形象鲜明，栩栩如生。

同时，四个弟子的言志虽都发自深心，但都离不开孔子的诱导和鼓励。他们的身上，无不停留着孔子慈祥而期许的目光。孔子的话不多，但通篇可以感受到孔子的存在。整个谈话的环境气氛，正因有孔子在场，显得宁静、活泼、庄重。弟子们各言其志，孔子或微哂或默许，最后喟然而叹，深深地动了感情，为全篇严肃的议政增加了感情色彩。

文章以孔子启发大家言志开始，以弟子们的言志而展开，最后又以孔子的评价而结束，结构完整，对话简短生动，人物富有个性，是先秦散文中的佳作。

思考寄语

孔子的思想是精练而深邃的，在中华文化几千年的历史发展和当代社会的方方面面中，我们不难看到孔子思想的缩影，不难体会和感受到孔子思想对我们深深的教育和启迪。曾皙描写了一个富有诗情画意的情景：“莫春者，春服既成，冠者五六人，童子六七人，浴乎沂，风乎舞雩，咏而归。”这正是儒家通过礼乐治国想要绘就的盛世图景。

12 白马篇

诵读主体

白马饰金羁，连翩西北驰。借问谁家子，幽并游侠儿。
少小去乡邑，扬声沙漠垂。宿昔秉良弓，楛矢何参差。
控弦破左的，右发摧月支。仰手接飞猱，俯身散马蹄。
狡捷过猴猿，勇剽若豹螭。边城多警急，虏骑数迁移。
羽檄从北来，厉马登高堤。长驱蹈匈奴，左顾凌鲜卑。
弃身锋刃端，性命安可怀？父母且不顾，何言子与妻！
名编壮士籍，不得中顾私。捐躯赴国难，视死忽如归！

知人论世

曹植（192—232），字子建，沛国谯县（今安徽亳州）人。三国曹魏著名文学家，建安文学代表人物。魏武帝曹操之子，魏文帝曹丕之弟，生前曾为陈王，去世后谥号“思”，因此又称陈思王。后人因他文学上的造诣而将他与曹操、曹丕合称为“三曹”，南朝宋文学家谢灵运对其更有“天下才有一石，曹子建独占八斗”的评价。王士祯尝论汉魏以来两千年间诗家堪称“仙才”者，曹植、李白、苏轼三人耳。

曹植的作品收录在《曹子建集》中。《曹子建集》共10卷，收录了曹植的诗文辞赋。其中收录较完整的诗歌有80余首，一半以上为乐府诗体。其代表作有《七哀诗》《白马篇》《赠白马王彪》《门有万里客行》等。

阅读鉴赏

译文：

白色的战马，饰着金黄的笼头，直向西北飞驰而去。

请问这是谁家的孩子，是幽州和并州的游侠骑士。

年纪轻轻就离开了家乡，到边塞显身手建立功勋。

楛木箭和强弓从不离身，下苦功练就了一身武艺。

拉开弓如满月左右射击，一箭射中靶心不差毫厘。

抬手就能射中飞驰而来的东西，俯身就能打碎箭靶。

他灵巧敏捷赛过猿猴，又勇猛轻疾如同豹螭。

听说国家边境军情紧急，侵略者一次又一次进犯内地。

告急信从北方频频传来，游侠儿催战马跃上高堤。

随大军平匈奴直捣敌巢，再回师扫鲜卑驱逐敌骑。

上战场面对着刀山剑树，从不将安和危放在心里。

连父母也不能孝顺服侍，更不能顾念那儿女妻子。

名和姓既列上战士名册，早已经忘掉了个人私利。

为国家解危难奋勇献身，把死亡看得像回家一样平常。

此诗以曲折动人的情节描写边塞游侠儿捐躯赴难、奋不顾身的英勇行为，塑造了边疆地区武艺高超、渴望卫国立功甚至不惜牺牲生命的游侠少年形象，表达了诗人建功立业的强烈愿望。

开头两句描绘出驰马奔赴西北战场的英雄身影，显示出军情紧急，扣人心弦；接着以“借问”领起，以铺陈的笔墨补叙英雄的来历，说明他是一个什么样的英雄形象；“边城”六句，遥接篇首，具体说明“西北驰”的原因和英勇赴敌的气概。末八句展示英雄捐躯为国、视死如归的崇高精神境界。全诗风格雄放，气氛热烈，语言精美，称得上情调兼胜，诗中的英雄形象既是诗人的自我写照，又凝聚和闪耀着时代的光辉。

“白马饰金羁，连翩西北驰。”诗一开头就使人感到气势不凡。“白马”“金羁”，色彩鲜明。从表面来看，只见马，不见人，其实这里写马正是为了写人，用的是烘云托月的手法。这不仅写出了壮士骑术娴熟，而且表现了边情的紧急。

“借问谁家子，幽并游侠儿。少小去乡邑，扬声沙漠垂。”诗人故设问答，补叙来历。曹植笔下的游侠成了为国家效力的爱国壮士。“借问”四句紧承前两句，诗人没有继续写骑白马的壮士在边塞如何冲锋陷阵、为国立功，而是一笔宕开，补叙壮士的来历，使诗歌气势变化、富于波澜。

“宿昔秉良弓，楛矢何参差。控弦破左的，右发摧月支。仰手接飞猱，俯身散马蹄。狡捷过猴猿，勇剽若豹螭。”刻意铺陈“游侠儿”超群的武艺。这是补叙的继续。诗人使用了一连串的对偶句，使诗歌语言显得铿锵有力、富于气势。“控弦”四句，选用“破”“摧”“接”“散”四个动词，从左、右、上、下不同方位表现游侠儿的高超武艺。“狡捷”二句，以形象的比喻描写游侠儿的敏捷灵巧、勇猛轻疾，都很生动。这些描写说明了游侠儿“扬声沙漠垂”的重要原因，也为后面所写的游侠儿为国效力的英勇行为做好铺垫。

“边城多警急，虏骑数迁移。羽檄从北来，厉马登高堤。长驱蹈匈奴，左顾凌鲜卑。”这里描写了游侠儿驰骋沙场、英勇杀敌的情景。因为游侠儿的武艺高超，前面已详写，这里只用“长驱蹈匈奴，左顾凌鲜卑”二句，就十分精练地把游侠儿的英雄业绩表现出来了。这种有详有略的写法，不仅节省了笔墨，而且突出了重点，可见其剪裁恰当。

“弃身锋刃端，性命安可怀？父母且不顾，何言子与妻！名编壮士籍，不得中顾私。捐躯赴国难，视死忽如归！”这最后八句揭示游侠儿的内心世界。游侠儿之所以能够克敌制胜，不仅由于他武艺高超，更重要的是他具有崇高的思想品德。这种思想品德和他的高超武艺结合起来，使这个英雄形象有血有肉、栩栩如生，给人以深刻的印象。

本诗中的英雄形象，既是诗人的自我写照，又凝聚和闪耀着时代的光辉，为曹植前期的重要代表作品，有着浓烈的青春气息。

思考寄语

希望同学们理解作者塑造这位武艺高超、渴望为国立功，甚至不惜牺牲生命的游侠少年形象的深刻意义，思考英勇善战、忠贞爱国、视死如归的战斗精神在当今社会的现实意义，树立坚定的远大理想，勇于奉献，积极投身到新时期的洪流中，胸中有国家，手中有本领！

13 北　望

诵读主体

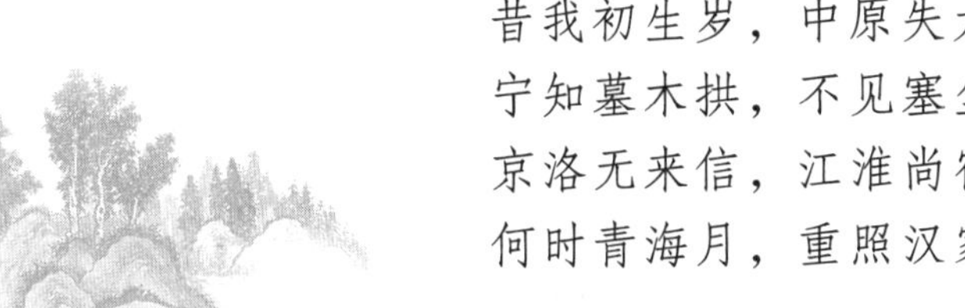

昔我初生岁，中原失太平。
宁知墓木拱，不见塞尘清。
京洛无来信，江淮尚宿兵。
何时青海月，重照汉家营？

知人论世

陆游（1125—1210），字务观，号放翁，越州山阴（今浙江绍兴）人，南宋文学家、史学家、爱国诗人。陆游生逢北宋灭亡之际，少年时即深受家庭爱国思想的熏陶。宋高宗时，参加礼部考试，因受宰相秦桧排斥而仕途不畅。宋孝宗时赐进士出身。中年入蜀，投身军旅生活。嘉泰二年（1202），宋宁宗诏陆游入京，主持编修孝宗、光宗《两朝实录》和《三朝史》，官至宝章阁待制。晚年退居家乡。

创作诗歌今存9000多首，内容极为丰富，或抒发政治抱负，反映人民疾苦，风格雄浑豪放；或抒写日常生活，也多清新之作。词作量不如诗篇巨大，但和诗同样贯穿了气吞残虏的爱国主义精神。著有《剑南诗稿》《渭南文集》《南唐书》《老学庵笔记》等。

阅读鉴赏

译文：

我出生后不久，就遇到了靖康之耻。

哪里知道我都已经老去，还是没有听到收复中原的好消息。

汴京和西京洛阳已经失陷多年，可是江淮一带的军队没有北伐中原的动作。

请问什么时候我才能听到宋军收复中原的好消息呢?

陆游的诗简练生动,明白平易,语言自然流畅。如本诗开头两句“昔我初生岁,中原失太平”,直指诗人出生后不久就遇到了靖康之耻。紧接着“宁知墓木拱,不见塞尘清”句和“京洛无来信,江淮尚宿兵”句与前句对比,通过“哪里知道我都已经老去,还是没有听到收复中原的好消息”作对比,直言山河分割时日长久。汴京和西京洛阳已经失陷多年,可是江淮一带的军队没有北伐中原的动作,抒发自己希望看到山河统一的急切心情。最后结句“何时青海月,重照汉家营”,用问句加深自己渴望收复失地的爱国情思。

陆游一生笔耕不辍,诗词文均具有很高成就。其诗语言平易晓畅、章法整饬谨严,兼具李白的雄奇奔放与杜甫的沉郁悲凉,尤以饱含爱国热情对后世影响深远。

思考寄语

陆游一生为国落泪、为国分忧,他的一颗爱国丹心,借浑然天成的质朴诗句充分表达出来。尽管民族危难,他的事业屡屡受挫,但一直不变的是深厚的爱国主义精神,我们要努力学习诗人的爱国情怀,继承和弘扬中华民族爱国主义传统。

14 常常爱惜（节选）

诵读主体

拾起一穗遗落在秋天原野上的麦芒时，我们心中会涌起一种情感……当水龙头正酝酿着滴落一颗椭圆形的水珠，一只手紧紧拧住闸门时，我们心中会涌起一种情感……

……

人类将这种痛而波动的感觉命名为——爱惜。

我们读这两个字的时候，通常要放低了声音，徐徐地从肺腑最柔软的孔腔吐出，怕惊碎了这薄而透明的温情。

……

爱惜的土壤是喜欢。当我们喜欢某种东西的时候，就希冀它的长久和广大，忧郁它的衰减和短暂。当我们对喜爱之物，怀有难以把握的忧虑时，吝啬是一个常会首选的对策。我们会俭省珍贵的资源，我们会珍爱不可重复的时光，我们会制造机会以期重享愉悦，我们会细水长流反复咀嚼快乐。

于是，爱惜就在不知不觉中发生了。

当我们爱惜的时候，保护的勇气和奋斗的果敢也同时滋生，真爱，需用生命护卫，真爱，就会义无反顾。没有保护的爱惜，是一朵无蕊的鲜花，可以艳丽，却断无果实；没有爱惜的保护，是粗粝和逼人的威迫，是强权而不是心心相印。

爱惜常常发生。在我们不经意的时候，打湿眼帘。

爱惜好比一只竹篮。随着人生的进步，它越编越大了，盛着人自身，盛着绿色，盛着地球上所有的物种，盛着天空和海洋。

知人论世

毕淑敏，1952年10月出生于新疆伊宁，中共党员，国家一级作家，内科主治医师，北京作家协会副主席，北京师范大学文学硕士，心理学博士方向课程结业，注册心理咨询师。

1969年入伍，在喜马拉雅山、冈底斯山、喀喇昆仑山交会的西藏阿里高原部队当兵11年。历任卫生员、助理军医、军医等职。从事医学工作20年后，开始专业写作，1989年加入中国作家协会。著有《毕淑敏文集》十二卷，长篇小说《红处方》《血玲珑》《女心理师》《鲜花手术》等畅销书。她的《学会看病》被选入语文（人教版）5年级上册第20课。

毕淑敏曾获庄重文文学奖，《小说月报》第四、第五、第六届百花奖，当代文学奖，陈伯吹文学大奖，北京文学奖，昆仑文学奖，解放军文艺奖，青年文学奖等各种文学奖30余次。

阅读鉴赏

毕淑敏的散文题材广泛：荒郊的野花，可爱的小动物，人心人性，四季的更替，和朋友的一次谈心，甚至一些不起眼但存在于生活中的事物，都能活跃在她的笔下，并被赋予了别样的意义。

这篇散文节选自《常常爱惜》，作者在文中把无形的温情形象化。“薄”，表明“爱惜”，这种情感易被忽视和伤害；“透明”，揭示了这种情感的纯洁，它是一种广泛的存在，跨越地域、跨越国界。所以爱惜需要保护才能真正实现。没有爱惜，保护就成了强权、胁迫。所谈内容应是对生活中我们应该爱惜而没有爱惜的事例的认识或感悟。整篇读下来，就像和朋友谈心或者听智者的教诲，文字飘逸、思维跳跃、节奏明快，让读者在阅读过程中不自觉地就有一种愉悦和舒畅感。

作者善于将深奥晦涩的生活哲理寓于简洁流畅的文字中，如微风吹过后留下的清香，那些淡然的文字也道出了生活中常见但很少被发现的哲理，从而让读者回味无穷。

毕淑敏的散文语言是飘逸的，也是严谨的，属于散文作品中语言规范的一类，但绝非中规中矩、毫无新意。灵动的文字为她的散文赢得了大量的读者，规范的表达增强了文章的生命力！

思考寄语

我们爱生命，我们爱自然，我们离不开亲情和友谊。敬畏、珍爱生活中的真善美，用真挚的情感、淳朴的善念对待生活，我们的视野会随之开阔，我们的心灵会随之澄澈！爱是神奇的化学试剂，能让苦难变得甘甜，能生长出能力、勇气、智慧、关怀。学会宽容、理解和爱惜，我们就会发现生活中更多的是美好源泉！

15 风雪夜归人（节选）

诵读主体

三十多年前，父亲在离家三十里路的地方上班，他每天骑自行车往返。

冬日的天，像个面无表情的冷面人。寒气阵阵，天空透着捉摸不透的意味。父亲抬头望了几次天，说："这天阴了好几天了，雪也没下，我还是去吧，厂里一大堆事，耽搁不得。"母亲说："下雪了咋办，还是别去了。"父亲犹豫了一下，推起车子出了家门。

过了一会儿，天阴得更沉了。没多久，雪纷纷扬扬下了起来……母亲叹口气说："让你爸别去上班了，他偏不听，下雪了还咋回家！"父亲轻易不会歇班，他挣的钱要供我们一家开支呢。

到了下午，雪已经积了厚厚的一层……"雪越下越大了，你爸可咋回来呀！"母亲语气里有明显的担忧和焦虑。"我爸今天也许不回来了呢，听他说那里有住的地方。"我安慰母亲。

黄昏时分，雪渐渐小了，但地上的雪更厚了，脚踩上去立即陷出深深的窝，每走一步都很吃力。我问母亲："我爸今天不回来了吧？"母亲无比笃定地说："回来！他肯定回来！"夜色笼了过来，母亲站在门口翘首遥望，可路上连个人影也看不到。冰天雪地，我在呼啸的风中瑟缩着，感觉要被冻成一根冰棍。"妈，回家等吧！"我开口说话时，牙齿都要打战。母亲却目光专注地遥望着村口，一声不吭，她在雪花飞扬中保持着一成不变的姿势和表情，那姿势和表情像雕像般肃穆。忽然，母亲说："走！回家做饭，你爸回来得吃上热乎饭！"

母亲认定，父亲一定会回来。我跟着母亲在屋子里忙碌起来。小小的屋子里，炉火烧得正旺，温暖弥漫着，与屋外的世界形成强烈的反差……她嘱咐我在炉火上烧开水："多烧点开水，你爸回家得赶紧让他用热水洗洗，暖和暖和。"灶火上熬着红薯粥，母亲开始切白菜，切豆腐，洗粉条，她要做父亲最爱吃的大炖菜。

屋子里的饭菜香味弥漫着，妹妹饿得叫起来："妈，我要吃饭，爸爸今天肯定不回来了。"夜色漆黑，别人家已经过了晚饭时间，可父亲还没有回来。母亲的态度依旧坚定："你爸一定会回来的，再等会儿！"我和妹妹围着炉火，静静等待。母亲则一趟趟往外面跑，脸上的表情越来越焦虑。

后来母亲不再出门去，她的焦虑在升级，但眉头紧锁着。就在我们都等得心烦意乱的时候，屋门"吱呀"一声开了。"爸爸回来啦！"妹妹喊起来，我和母亲也一跃而起。我们面前的父亲，简直成了雪人！他衣服上都是雪，眉毛、胡须上也都是雪，整个人都是白的。"赶着做事，回来晚了。"父亲开口说话，"三十里地，我一步步走回来的！"父亲嘴巴像被冻僵了一般。母亲的眼泪一下子涌了出来，她使劲吸吸鼻子，为父亲拍打满身的雪。我赶紧把门关紧，让屋里的温暖一点点融化父亲的寒冷。这个世界有冰有霜，但幸好还有家；这个世界有风有雪，但幸好还有爱。夜归人，只要有人在风雪中为他守候，他就一定能回到家。

父亲坐到餐桌前，看着热气腾腾的饭菜，张口想要说什么，又停了一下，终于说出一句话："家里真暖和！"

知人论世

马亚伟，河北保定人，期刊、副刊作者，写作至今已发表900余万字。笔名王纯、文心等。作品风格清新淳朴，细腻雅致，以情动人。《思维与智慧》《文苑》《启迪与智慧》《特别关注》等杂志签约作者。作品见于《读者》《青年文摘》《意林》《人民日报》《光明日报》《中国青年报》《羊城晚报》《大公报》等报刊。

阅读鉴赏

小说以倒叙的方式讲述故事，设置悬念，吸引读者。作者选取了生活中典型具体的情节，对人物的动作、神态、语言展开了生动细腻的描述，语言真切，叙述质朴。同时，文章还穿插了精彩的环境描写，如“那次的雪下得特别大，雪花简直像羽毛一样，在风中乱舞”，用环境描写烘托人物心情和人物形象。

小说对父亲着墨不多，但父亲的形象很鲜明、厚重。再大的风雪都要去上班，再大的寒冷都要回家，可见父亲是一个爱家人、爱家庭的人，是一个有责任心的人。母亲涌出的眼泪，急速地拍打，都传达出母亲见到父亲回来时的激动及对父亲的心疼。而儿女们真情的呼喊，更是感动着读者，让人泪湿眼眶。

小说十分富有感染力，让读者始终牵挂着“父亲”的归来；文字饱含真情，风雪夜幕下，小屋里浓浓的亲情时刻温暖着读者。

思考寄语

对工作和对家庭的责任促使父亲风雪兼程，母亲焦急的等待和孩子们迫切的期待，家人的守护足以点亮那寒冷的风雪夜。亲情的半径是那么长，你在哪里，家人的牵绊就在哪里。亲情其实就在我们身边，让我们挖掘、品味身边的亲情，感受丰富多彩的人生。

16 论语·学而（节选）

诵读主体

子曰："学而时习之，不亦说乎？有朋自远方来，不亦乐乎？人不知，而不愠，不亦君子乎？"

知人论世

《论语》成书于春秋战国之际，由孔子的学生及其再传学生记录整理。《学而》是《论语》第一篇的篇名。《论语》中各篇一般都以第一章的前两三个字作为该篇的篇名。《学而》一篇包括16章，内容涉及诸多方面。

阅读鉴赏

译文：

孔子说："学了又时常温习和练习，不是很愉快吗？有志同道合的人从远方来，不是很令人高兴吗？人家不了解我，我也不怨恨、恼怒，不也是一个有德的君子吗？"

《论语》涉及哲学、政治、经济、教育、文艺等诸多方面，内容丰富，是儒学最主要的经典。在表达上，《论语》语言精练而形象生动，是语录体散文的典范。本文选自《论语》第一篇《学而》。

"学"与"习"紧密联系，离开了"习"，就无所谓"学"了，我们需把握好学习的"时"，以轻松愉悦的心态来学知识、学做人。

"朋"是和自己志趣相同、理解自己、欣赏自己的人，也只有倾心相交的朋友，才会产生发自内心的毫不矫饰的"乐"。

"人不知"的"知"不仅指他人不了解自己，还指没有受到别人的重视、重用；同时儒家的"君子"除了要建功立业外，还要拥有大格局。

思考寄语

哲学往往从对话中彰显，《论语》在教育和文化上的价值极高，能给予青年许多人生智慧，能提高我们的修养。作为《学而》的开篇，给我们的启示是学习需要自觉，需要不断实践；我们还需要和志同道合的朋友打成一片；君子要有包容的心，不随意怨恨他人他物。人生就是不断进德修业，追求进步的过程。然而，《论语》毕竟是几千年前的作品，受到时代的制约，大家还要用辩证的思想看待《论语》。

17 论语·颜渊（节选）

诵读主体

颜渊问仁，子曰："克己复礼为仁。一日克己复礼，天下归仁焉。为仁由己，而由人乎哉？"

颜渊曰："请问其目？"子曰："非礼勿视，非礼勿听，非礼勿言，非礼勿动。"

颜渊曰："回虽不敏，请事斯语矣。"

知人论世

《颜渊》出自《论语》，共计24章。本篇中，孔子的几位弟子向他问怎样才是仁。颜回（前521—前490），曹姓，颜氏，名回，字子渊，鲁国都城（今山东曲阜市）人，尊称复圣颜子，春秋末期鲁国思想家，孔门七十二贤之一，十三岁时，拜孔子为师，终生师事之，是孔子最得意的门生。孔子对颜回称赞最多，赞其好学仁人。

阅读鉴赏

译文：

颜渊问怎样做才是仁。孔子说："克制自己，一切都照着礼的要求去做，这就是仁。一旦这样做了，天下的一切就都归于仁了。实行仁德，完全在于自己，难道还在于别人吗？"颜渊说："请问实行仁的条目。"孔子说："不合于礼的不要看，不合于礼的不要听，不合于礼的不要说，不合于礼的不要做。"颜渊说："我虽然愚笨，也要照您的这些话去做。"

"仁"是孔子思想的核心，贯穿《论语》一书的始终。颜渊是孔子最得意的门生，通过与颜渊谈话，孔子将自己的抱负、自己所欲推行的道表现出来，也是对颜渊寄予重望，希望可承其衣钵，推行"仁"。

《论语·颜渊》中开篇就是颜渊问仁。孔子最为推崇的就是"仁"和"礼"，"克己"指克制过度的欲望，"复礼"指复兴礼乐秩序，"克己复礼为仁"，这是孔子关于什么是仁的主要解释。孔子在这里用礼来规定仁，仁的要求是依礼而行。克己复礼就是通过人们的道德修养自觉地遵守礼的规定。孔子在颜渊接下来的问答中也强调了礼与仁的内在关联。"非礼勿视，非礼勿听，非礼勿言，非礼勿动"，即不合乎"礼"的不要看、不要听、不要说、不要做。可见，仁是内在的，礼是外在的，二者紧密结合。

思考寄语

孔子将"仁"归结为四个字——克己复礼。"仁"的关键是"克己"，"仁"发自内心，而不是依赖于外在。也就是说，在求"仁"的漫长的道路上，我们要克服消极的思想，克服自身懒惰、散漫等缺点和不足，存爱人之心，不断磨砺自我、提升自我。

18 勤俭成大业

诵读主体

勤俭自持，习劳习苦，可以处乐，可以处约，此君子也……凡仕宦之家，由俭入奢易，由奢返俭难。尔年尚幼，切不可贪爱奢华，不可惯习懒惰。无论大家小家，士农工商，勤苦俭约未有不兴，骄奢倦怠未有不败。尔读书写字不可间断。早晨要早起，莫坠高曾祖考以来相传之家风。吾父吾叔，皆黎明即起，尔之所知也。

知人论世

曾国藩（1811—1872），初名子城，字伯涵，号涤生，谥文正，汉族，湖南省湘乡市人。晚清重臣，湘军的创立者和统帅者。清朝军事家、理学家、政治家、书法家、文学家，晚清散文“湘乡派”创立人。官至两江总督、直隶总督、武英殿大学士，封一等毅勇侯。

曾国藩出身于普通耕读家庭，自幼勤奋好学，6岁入私塾读书，8岁能读四书、诵五经，14岁能读《周礼》《史记》《文选》。道光十八年（1838）中进士，入翰林院，为军机大臣穆彰阿门生。累迁内阁学士，礼部侍郎，署兵、工、刑、吏部侍郎。与大学士倭仁、徽宁道何桂珍等为密友，以“实学”相砥砺。太平天国运动时，曾国藩组建湘军，其一生奉行为政以耐烦为第一要义，主张凡事要勤俭廉劳，不可为官自傲。他修身律己，以德求官，礼治为先，以忠谋政，在官场上获得了巨大的成功。

曾国藩的崛起，对清王朝的政治、军事、文化、经济等方面都产生了深远的影响。在曾国藩的倡议下，建造了中国第一艘轮船，建立了第一所兵工学堂，印刷翻译了第一批西方书籍，安排了第一批赴美留学生。可以说，曾国藩是中国近代化建设的开拓者。

阅读鉴赏

译文：

勤俭自持，习惯劳苦，可以享受安乐，可以适应俭约，这就是君子……凡是官宦人家，由俭朴到奢侈容易，由奢侈到俭朴难。你的年纪还小，千万不可以贪恋奢侈享受，不可以养成懒惰的习惯。不论是大家庭还是小家庭，士农工商，只要勤劳节俭，没有不兴盛的，若骄奢倦怠，没有不衰败的。你读书不可以间断，早晨要早起，不要败坏我们从曾祖就传下来的家风。我的父亲叔叔都是黎明就起，这点你很清楚。

本篇是曾国藩写给儿子的家书，选自《曾文正公全集·家训》卷上。家训是指家庭对子孙立身处世、持家治业的教诲。曾国藩的家族一直坚守勤俭的家风，祖辈皆勤俭持家。

曾国藩十分推崇勤俭，认为勤俭关系到家庭的兴衰。如何做到“勤俭”？首先，他要求子弟不可骄奢，不可贪图享受；其次，他认为勤就要早起，不可懒惰，学习要有恒心，不可间断。

思考寄语

勤俭是中华民族的传统美德，勤不仅关乎家庭的兴衰，也关系个人的身体健康、精神气质，是个人修养的重要体现。人生道路漫长且诸多磨砺，切不可贪图享受、浮躁奢侈。为学为人，都要养成良好的生活习惯，切不可慵懒；成功贵在持之以恒，其总是来自持续的、不懈的努力。

19 送人赴安西

诵读主体

上马带吴钩，翩翩度陇头。
小来思报国，不是爱封侯。
万里乡为梦，三边月作愁。
早须清黠虏，无事莫经秋。

知人论世

岑参（约公元715—约公元770），汉族，南阳新野（今河南南阳新野县）人，唐代著名的边塞诗人，与高适并称“高岑”。岑参从兄受学，9岁属文。10岁左右时父亲去世，家境日趋困顿。15岁移居嵩阳，刻苦学习，遍读经史，奠定学业基础。20岁至长安（今陕西西安），献书求仕无成，奔走京洛（今河南洛阳），漫游河朔。天宝三年（公元744），进士及第，授右内率府兵曹参军。及第前曾作《感旧赋》，叙述家世沧替和个人坎坷。天宝八年（公元749），充安西四镇节度使高仙芝幕府掌书记，后在天宝末年任安西北庭节度使封常清幕府判官。

唐代宗时，岑参曾任嘉州（今四川乐山）刺史，故世称“岑嘉州”。约大历四年（公元769）秋冬之际，岑参卒于成都，享年约52岁。文学创作方面，岑参工诗，长于七言歌行，对边塞风光、军旅生活，以及异域的文化风俗有切身的感受，边塞诗尤多佳作。

阅读鉴赏

译文：

你看那位壮士，手执胡钩跨上骏马，英姿勃勃地越过陇山头。他从小就立志报效国家，杀敌立功绝不是为了做官封侯。万里之外的故乡景象将会在你的梦中出现，边疆的月光常常会引起你的别离忧愁之情。你此去应该早日消灭那些胡族侵略者，不要优柔寡断将战事一拖经年。

这是一首五言律诗。诗人对友人英姿勃发、舍身报国、不计名利的行为极为赞赏，又进一步设想友人戍守边疆一定会产生思乡之念，最后祈盼早日荡平虏寇，还边境以安宁。全诗充满爱国主义豪情。

"上马带吴钩"写友人身着戎装，跨上战马，勾勒出即将出征的战士的英姿。"翩翩度陇头"是对友人奔赴边关加以设想，写他的轻快、矫健、急切。"小来思报国，不是爱封侯"两句从正、反两方面肯定友人的思想，从而把友人的从军行为提到爱国的高度。"小来"两字可见这种想法由来已久，从而给首二句提供思想根据，其中既包含有诗人赞佩之情，称慕友人不但形象英姿飒爽，而且有高尚、美好的心灵，同时也反映了诗人立志报国的豪情壮志。

但是，有这种爱国情怀，并不意味着就可以毫不留恋家园，恰恰相反，这种情怀是与对家国的深厚感情不可分割地联系在一起的。他们为保卫它而离开它，但当离开它的时候，往往对它产生深切的思念。诗人曾有过经年居留塞外的经历，在《安西馆中思长安》等诗中都曾表露深沉的思乡之情。"万里乡为梦，三边月作愁"，就是这种情感的集中写照。诗人没有写友人在边疆怎样从军苦战，却设想他在万里边关对家乡如何梦绕魂牵，这就写出了友人对家国的一往情深，同时也传达出诗人对友人的思念，充满关怀和爱护。这种情怀写得很深沉、很细腻，诗的情调到此一转，但并不压抑。

诗的最后两句是诗人的祝愿。"清黠虏"是友人赴安西的目的。诗人居漠北时，亲眼看见战争所造成的巨大破坏。战争不仅造成了田园荒芜，民不聊生，而且对战士本身也是一种荼毒。上句愿友人建功，下句愿友人早归，既表现出诗人与友人同样以国事为重，又表现出双方的情谊，以深厚的情意紧扣"送"字，为全诗作结。

全诗先写友人的英雄风采，再由表及里，从报国、思乡的角度讴歌了友人的美好心灵，最后告诫友人，尽快结束战争，最好是别"经秋"。因为唐朝戍边将领往往拥兵自重，养敌为患，常将本可早日结束的战争一拖经年，给国家造成巨大损失。所谓"兵闻拙速，未睹巧之久也"，可见诗人淳朴的观念中，还饱含战略家的远见卓识。

思考寄语

“家国情怀”已深植于一代代中国人的血脉里，只有国安，才能家好。志士们远离家乡，不顾边塞苦寒，不计名利，血洒疆场。这份情感是如此的慷慨、豪壮，令人敬佩，励人心智。侠骨不免柔情，作者立志报国的豪情中，还有对友人戍边时思乡之情的感同身受，以及对友人深切的关怀和期许。

20 围炉夜话

诵读主体

第五十六则：知往日所行之非，则学日进矣；见世人可取者多，则德日进矣。

第八十三则：人生不可安闲，有恒业①，才足收放心②；日用必须简省，杜奢端③，即以昭俭德④。

【注释】

① 恒业：稳定的产业。

② 收放心：收回放任的心思和念头。放心，任性放荡的想法和念头。

③ 杜奢端：杜绝奢侈的苗头。

④ 昭俭德：显示勤俭的美德。

知人论世

王永彬（1792—1869），字宜山，人称宜山先生，清代学者，一生经历了乾隆、嘉庆、道光、咸丰、同治五个时期，著有《围炉夜话》。

《围炉夜话》是晚清时期著名的文学品评著作，全书以“安身立业”为主旨，分别从道德、修身、读书、教子、忠孝、勤俭等多个方面，揭示了人生的深刻含义，其独到见解在中国文学史上占有重要地位。它与《菜根谭》《小窗幽记》并称为中国人修身养性的三大奇书。

阅读鉴赏

译文：

第五十六则：能够认识到自己过去犯下的错误，那么学问就能日益充实；看到他人可以学习之处很多，那么德业就能日益增进。

第八十三则：人不能每天都过着安闲舒适的日子，有了可以不断追求的事业，就能收回任性、安逸之心；日用花费必须节约俭省，只有杜绝奢侈排场的想法，才能体现出勤俭的美德。

《围炉夜话》是清代著名文学品评家王永彬所作的儒家通俗读物。对于当时以及以前的文坛掌故、人、事、文章等分段作评价议论，寓意深刻。

只有记住失败教训，才能有所进步。这里的“学”并不专指书本知识，而是有更深刻的内涵。学无止境，人最怕的是故步自封。人要有谦虚的美德、容人的雅量，才能集百家之长，精进德业。

必须有追求学问道德的恒心，将读书作为一心一意的事业。没有恒心，则一事无成。将安逸放纵的本心收回，放在学业上，孟子说的“学问之道无他，求其放心而已矣”就是这个意思。日常的生活简单一点更好，因为人对物质的欲望永远无法满足。

思考寄语

许多人重视治学，却轻视修身，孰不知两者关系紧密，并非泾渭分明。一个轻视他人、自以为是的人，怎么会由衷地学习、赞美他人的长处，学业上又如何获得成功。同样，求学之人若常浮躁、奢靡，又怎会有高远的志向，更不要说求学之路上的恒心和意志了。

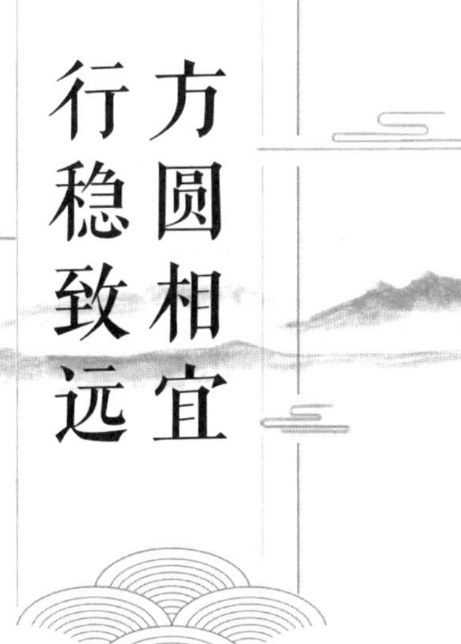

方圆相宜
行稳致远

1 敖不可长

诵读主体

敖不可长，欲不可从，志不可满，乐不可极。贤者狎而敬之，畏而爱之。爱而知其恶，憎而知其善。积而能散，安而能迁。临财毋苟得，临难毋苟免。很毋求胜，分毋求多。疑事毋质，直而勿有。

知人论世

选自《礼记·曲礼上》，《礼记》又名《小戴礼记》《小戴记》，成书于汉代，为西汉礼学家戴圣所编。《礼记》是中国古代一部重要的典章制度选集，共二十卷、四十九篇，书中主要写先秦的礼制，体现了先秦儒家的哲学思想（如天道观、宇宙观、人生观）、教育思想（如个人修身、教育制度、教学方法、学校管理）、政治思想（如以教化政、大同社会、礼制与刑律）、美学思想（如物动心感说、礼乐中和说），是研究先秦社会的重要资料，是一部儒家思想的资料汇编。

《礼记》章法谨严，掩映生姿，文辞婉转，前后呼应，语言整饬而多变，是"三礼"之一、"五经"之一、"十三经"之一。自东汉郑玄作"注"后，《礼记》的地位日益上升，至唐代时被尊为"经"，宋代以后，位居"三礼"之首。《礼记》中记载的古代文化史知识及思想学说，对儒家文化传承、当代文化教育和德行教养，以及社会主义和谐社会建设有重要影响。

阅读鉴赏

译文：

傲慢不可滋长，欲望不可放纵，志向不可自满，享乐不可达到极点。对于贤能的人要亲近并敬重，要敬畏并爱戴。对于所爱的人要了解他的恶行，对于憎恨的人要看到他的优点。能积聚财富，但又能分派济贫；能适应平安稳定，又能适应变化不定。遇到财物不要随便获得，遇到危难不应苟且逃避。争执不要求胜，分派不要求多。不懂的事不要下断语，已明白的事不要自夸知道。

《曲礼》记录了先秦儒家关于各种礼仪制度的言论，目的在于继承和弘扬礼教，使人们的言行符合礼教的规范。这一节的内容主要讲做人和治学的态度。

敖不可长的“敖”和“长”，汉魏学者如马融、郑玄、王肃等都认为“敖”，即“遨”，游也；“长”，长久也。意思是：游玩不可太久。但到了唐代孔颖达以后，一般都认为“敖”通“傲”，指傲气、傲慢之心，而“长”则读作“zhǎng”，生长、滋长之意。句意是“傲气不可滋长”。若一个人生傲慢心，做学生，就不能虚心受教；做事情，就容易刚愎自用、顽固，不肯接受别人的意见。《周易》上讲“敬慎不败”，可知骄兵必败。

古代儒家思想的最大特点是凡事保持中间态度：既不能不及，又不能太过。做人，保持中庸尤其重要，而且具有很大的实践价值，也是修身养性的主要内容。儒家对人生的基本态度是积极的、现实的、进取的，同时又是谨慎的、保守的。千百年来，它对塑造我们民族的人格心理起到了重要作用，也产生了深远的影响，是我们人生修养的重要思想资源。

思考寄语

为人处世要把握好度。生活中也要淡泊名利，宁静致远，不能过分地追求享乐，被欲望胁迫，要从容地看待世间繁华或跌宕起伏，加以自我克制，不能逾越礼数、常理，如若纵欲妄为，则易“玩物丧志”。张廷玉曾说过：“盛满易为灾，谦冲恒受福”。盛气凌人、骄傲自满的人容易灾祸缠身，谦虚的人会永远福泽深厚。项羽出身贵族，能力了得，但刚愎自用、居功自傲，最终落得个自刎于乌江的下场，可悲可叹。骄傲自负，最终一定会悔不当初。保持谦卑，学会谦逊，学人长处，才能拥有更多成功的机会，也才能成就更好的自己。

2 白鹿洞二首·其一

诵读主体

读书不觉已春深，一寸光阴一寸金。
不是道人来引笑，周情孔思正追寻。

知人论世

王贞白（875—958），字有道，号灵溪，信州永丰（今江西上饶广丰区）人。唐末五代十国著名诗人。唐乾宁二年（895）登进士，七年后（902）授职校书郎，尝与罗隐、方干、贯休同唱和。在登第授职期间的七年中，他随军出塞抵御外敌，写下了许多边塞诗，有不少反映边塞生活、激励士气的佳作，征戍之情，深切动人。对军旅之劳、战争景象的描写气势豪迈，色彩浓烈，音调铿锵。有《灵溪集》七卷，今编诗一卷。其名句“一寸光阴一寸金”，至今广为流传。

阅读鉴赏

这是一首写诗人自己读书生活的诗，也是一首惜时诗。“白鹿洞”在今江西省境内庐山五老峰南麓的后屏山之南。这里青山环抱，绿树成荫，环境幽静。名为“白鹿洞”，实际并不是洞，而是山谷间的一方坪地。中唐李渤曾在此读书，养有一头白鹿为伴，故名“白鹿洞”。

“读书不觉已春深”是说自己专心读书，不知不觉就已经到了春末。“春深”犹言春末、晚春。从这句诗中可以看出，诗人读书入神，每天都过得紧张而充实，全然忘记了时间。春天快过完了，是诗人不经意中猛然发现的。这一发现令诗人甚感意外，颇多感慨。他觉得光阴如梭，许多知识要学，时间总不够用似的。次句写诗人的感悟。“一寸光阴一寸金”，一寸光阴，指极短的时间，这里以金子比喻光阴，谓时间宝贵，应该珍惜。这是诗人由第一句叙事自然引发的感悟，也是诗人给后人留下的不朽格言，千百年来一直勉励人们，特别是读书人珍惜时间、注重知识积累，不断充实和丰富自己。

“不是道人来引笑，周情孔思正追寻”是叙事，补叙自己发觉“春深”，是因为“道人来引笑”。“道人”指白鹿洞的道人。“引笑”指逗笑，开玩笑。道人修禅养性是耐得住寂寞、静得下心的，而诗人需要道人来“引笑”，才肯放松一下，休息片刻，可见诗人读书之专心致志非同寻常。这不，道人到来之时，诗人正在深入钻研周公、孔子的精义、教导呢。“周情孔思”，当指古代读书人所读的儒家典籍。周情指周诗，即《诗经》；孔思指孔子的思想，即《论语》。《诗经》《论语》为学习内容，“追寻”为学习方法和态度。由此反衬学习的认真，一心一意在探寻诗义文意，毫不懈怠。

诗中“一寸光阴一寸金”成为劝勉世人珍惜光阴的千古流传的至理名言。后人应当从中受到启发和教育，知识是靠时间积累起来的，为充实和丰富自己，应十分珍惜时间。虽然在当时的历史条件下，他所讲的读书内容不外乎儒家经典，但宽泛地理解，现代人读书也应如此。同时“一寸光阴一寸金”讲时间价值，超出了读书的范围，揭示了普遍规律，此语内容不仅深刻隽永，且形象通俗，音调谐适，在人们现今的生活中起了巨大的激励作用。

思考寄语

从孔子在《论语》中所说的“逝者如斯夫，不舍昼夜”；到陶渊明《杂诗》中的“盛年不重来，一日难再晨”；再到李白《将进酒》中的“高堂明镜悲白发，朝如青丝暮成雪”，一代又一代的诗人在感叹着光阴易逝，而面对如白驹过隙般的光阴，作为新一代的青年，我们更应当从中受到启发和教育，要明白自己当下唯一能做的便是学会珍惜，刻苦努力，好好学习，不辜负大好时光。

3 百字箴言

诵读主体

耕夫碌碌，多无隔夜之粮；织女波波，少有御寒之衣。日食三餐，当思农夫之苦；身穿一缕，每念织女之劳。寸丝千命，匙饭百鞭。无功受禄，寝食不安。交有德之朋，绝无义之友。取本分之财，戒无名之酒。常怀克己之心，闭却是非之口。若能依朕所言，富贵功名可久。

知人论世

李世民（599—649），陇西狄道（今甘肃临洮县）人。唐朝第二位皇帝（626—649年在位），政治家、战略家、军事家、诗人。

李世民少年从军，曾往雁门关解救隋炀帝。首倡晋阳起兵，拜右领军大都督，受封敦煌郡公，领兵攻破长安，拜尚书令、光禄大夫，受封秦国公、赵国公。唐朝建立后，领兵平定薛仁杲、刘武周、窦建德、王世充、刘黑闼等割据势力，为唐朝的建立与统一立下赫赫战功，拜天策上将，封秦王。武德九年六月初四（626年7月2日），发动“玄武门之变”，杀死太子李建成和齐王李元吉，被册立为皇太子。八月初九，唐高祖李渊退位，李世民即皇帝位，年号贞观。在位初期，听取群臣意见，虚心纳谏。对内文治天下，厉行节约，劝课农桑，实现休养生息、国泰民安，开创“贞观之治”。对外开疆拓土，攻灭东突厥与薛延陀，征服高昌、龟兹和吐谷浑，重创高句丽。设立安西四镇，与北方地区各民族融洽相处，获得尊号“天可汗”，为唐朝后来100多年的盛世局面奠定重要基础。

贞观二十三年五月二十六（649年7月10日），李世民驾崩于含风殿，享年51岁，在位23年，庙号太宗，谥号文皇帝（后加谥文武大圣大广孝皇帝），葬于昭陵。他爱好文学与书法，有诗作与墨宝传世。

阅读鉴赏

译文：

种田人日日忙碌，却没有隔夜的粮食，吃了今天无明天，纺织女不停地织布却没有棉衣穿。我们一日三餐要想到农民的辛苦，身穿衣物不忘织女的劳累。每寸丝绸衣帛，有千条蚕的努力；每匙饭粒的产出，耕牛须挨上百鞭抽，来之不易！无功受禄，吃饭、睡觉都不安宁。交有德行的朋友，断绝歪门邪道的损友。财产应通过正当的方法获得，不正当的请酒不要去喝，经常注意克服自己的缺点，不要搬弄是非，若能听从我的这些规劝，获得的名利和地位定能长久。

在中国封建社会，被骂为暴君、昏君的统治者不在少数。然而被誉为明君、圣君的统治者也不乏其人，唐太宗就是其中之一。唐太宗李世民享年51岁，但他在位的23年，国泰民安，社会稳定，经济发展繁荣，为后来的开元盛世奠定了重要的基础，故史书称他的统治为“贞观之治”。

本文是唐太宗李世民写给朝中大臣的百字箴言，以此来劝诫大臣、告诫自己，里面蕴含了深刻的处世之道。所谓箴言，就是劝告、劝诫人的话，是古代的一种文体。

这则近似白话的百字短文，看起来是君王教导臣子如何保持功名富贵的圣训，但究其内容，实为告诫为官者修身克己的做人之道。大概的意思是提醒为官者不忘劳动本色，保持艰苦奋斗的作风；同时做到慎言、慎友、克己、清廉。

唐太宗李世民是我国历史上一位伟大的政治家，也是影响中国乃至世界进程的杰出人物。短短百字，反映了李世民了解人民疾苦，关心群众生活；做到无功不受禄，取本分之财，不贪不占；在处理人与人的关系上，能分清好坏、丑恶、是非；并能时时检查和改正自己的缺点。《百字箴言》，文虽短小，但含义深刻，对后人颇有教育意义。一个一千多年前的封建帝王，有此思想境界，实在难能可贵。通过《百字箴言》，可见李世民被誉为一代“明君”绝非浪得虚名。唐朝能成为历史上的盛世，与此不无关系。

思考寄语

这百字短文，提醒为官者要不忘劳动人民的本色，保持艰苦奋斗的作风。同时要做到慎言、慎行、慎友、慎交，要克己、自律、清廉、正气。这段话本身就是君王教导臣子如何保持功名富贵的圣训，是告诫为官者修身克己的做人之道。良药苦口利于病，忠言逆耳利于行。唐太宗的这种境界，这种情怀，这种金玉良言，不仅对当今为官从政者，就是对我们每个普通人如何为人处世，如何处事待人，都是很好的清醒剂。我们也应该如《百字箴言》中所说，时刻不忘劳动本色，保持艰苦奋斗的作风，做一个品行端正的人，在日常生活中克己复礼、谨言慎行，这样才能在人生的道路上越走越远。

4 卜 居

诵读主体

屈原既放，三年不得复见。竭知尽忠，而蔽障于谗。心烦虑乱，不知所从。乃往见太卜郑詹尹曰："余有所疑，愿因先生决之。"詹尹乃端策拂龟，曰："君将何以教之？"

屈原曰："吾宁悃悃款款朴以忠乎，将送往劳来斯无穷乎？宁诛锄草茅以力耕乎，将游大人以成名乎？宁正言不讳以危身乎，将从俗富贵以偷生乎？宁超然高举以保真乎，将哫訾栗斯，喔咿儒儿以事妇人乎？宁廉洁正直以自清乎，将突梯滑稽，如脂如韦，以洁楹乎？宁昂昂若千里之驹乎，将氾氾若水中之凫乎，与波上下，偷以全吾躯乎？宁与骐骥亢轭乎，将随驽马之迹乎？宁与黄鹄比翼乎，将与鸡鹜争食乎？此孰吉孰凶？何去何从？世溷浊而不清，蝉翼为重，千钧为轻；黄钟毁弃，瓦釜雷鸣；谗人高张，贤士无名。吁嗟默默兮，谁知吾之廉贞！"

詹尹乃释策而谢，曰："夫尺有所短，寸有所长，物有所不足，智有所不明，数有所不逮，神有所不通。用君之心，行君之意，龟策诚不能知此事。"

知人论世

屈原（约前340—前278），芈姓，屈氏，名平，字原，又自云名正则，字灵均，出生于楚国丹阳秭归（今湖北宜昌），战国时期诗人、政治家。楚武王熊通之子屈瑕的后代。少年时受过良好的教育，博闻强识，志向远大。早年受楚怀王信任，任左徒、三闾大夫，兼管内政外交大事。提倡“美政”，主张对内举贤任能，修明法度，对外力主联齐抗秦。因遭贵族排挤诽谤，先后被流放至汉北和沅湘流域。楚国郢都被秦军攻破后，自沉于汨罗江，以身殉楚国。

屈原是中国历史上伟大的爱国诗人，中国浪漫主义文学的奠基人，“楚辞”的创立者和代表作家，开辟了“香草美人”的传统，被誉为“楚辞之祖”，楚国有名的辞赋家宋玉、唐勒、景差都受到屈原的影响。屈原作品的出现，标志着中国诗歌进入了一个由大雅歌唱到浪漫独创的新时代，其主要作品有《离骚》《九歌》《九章》《天问》等。以屈原作品为主体的《楚辞》是中国浪漫主义文学的源头之一，以最著名的篇章《离骚》为代表的《楚辞》与《诗经》中的《国风》并称为“风骚”，对后世诗歌产生了深远影响，成为中国文学史上的璀璨明珠，“逸响伟辞，卓绝一世”。“路漫漫其修远兮，吾将上下而求索”，屈原的“求索”精神成为后世仁人志士所信奉和追求的一种高尚精神。

阅读鉴赏

译文：

屈原被流放后，三年不能和楚王相见。他竭尽智慧效忠国家，却被谗言谤语把他和君王遮蔽阻隔。他心烦意乱，不知如何是好。于是去见太卜郑詹尹问卜说：“我对有些事疑惑不解，希望通过您的占卜帮助我分析判断。”郑詹尹就摆正蓍草、拂去龟甲上的灰尘，问道：“先生有何见教？”

屈原说：“我宁可诚恳朴实、忠心耿耿呢，还是迎来送往、巧于逢迎而摆脱困境？宁可垦荒锄草勤劳耕作呢，还是交游权贵而沽名钓誉？宁可毫无隐讳地直言为自己招祸呢，还是顺从世俗贪图富贵而苟且偷生？宁可鹤立鸡群而保持正直操守呢，还是阿谀逢迎、强颜欢笑以侍奉那位妇人？宁可廉洁正直以保持自己的清白呢，还是圆滑诡诈、油滑适俗、趋炎附势？宁可像志行高远的千里驹呢，还是像浮游的野鸭随波逐流而保全自身？宁可与骐骥并驾齐驱呢，还是追随那劣马的足迹？宁可与天鹅比翼高飞呢，还是同鸡鸭在地上争食？上述种种，哪个是吉哪个是凶，哪个该舍弃哪个该遵从？现在的世道混浊不清：认为蝉翼是重的，千钧是轻的；黄钟大吕竟遭毁弃，瓦釜陶罐却响如雷鸣；谗佞小人嚣张跋扈，贤明之士则默默无闻。唉，沉默吧，谁人能知我廉洁忠贞的心哪！”

郑詹尹于是放下蓍草抱歉地说："尺比寸长但也有短处，寸比尺短却也有它的长处；世间万物都有不完善的地方，人的智慧也有不明了的时候；术数有占卜不到的事情，天神也有难解之理。您还是按照自己的心志，实行自己的主张吧。龟壳蓍草实在无法知道这些事啊！"

其实，屈原并非真的"有所疑"而问卜，愿因太卜决之。因为当太卜问他"将何以教之"时，屈原喷薄而出了八对"宁……将……"句式，似乎表现出某种"不知所从"，必须由神明决断的表象。但由于屈原在两疑之问中寓有褒贬笔法，使每一对立的卜问，实际上都表明了他的选择立场：肯定"宁……"，否定"将……"。

屈原对是非曲直了然于心，所以他的问卜，并非对人生道路、处世原则选择上产生困惑，而是在于表露对黑白颠倒、清浊混淆现实的震惊与不平，并决意与世俗抗争，洁行高志，展现了他的凛然正气，因而诵读这篇文字，只有联系他的崎岖经历，才能真切地感受其间的情感推涌和涨落。

思考寄语

《卜居》所展示的这种人生道路的选择，不只屈原面对过，后世的无数志士仁人也都曾经面对过。即使在今天，这种人生选择虽然随时代变化而改换了内容，但它所体现的不媚时俗、不改志节的伟大精神历久而弥新，依然富于感染和鼓舞力量。从这个意义上说，读一读屈原的《卜居》，将引导我们摆脱许多尘俗的卑琐与无聊，当我们遭受到挫折，面临苦难时，屈原就站在我们身边，告诉我们，路该怎么走。

5 曾国藩家训（选句）

诵读主体

求业之精，别无他法，日专而已矣。谚曰“艺多不养身”，谓不专也。吾掘井多而无泉可饮，不专之咎也。诸弟总须力图专业，如九弟志在习字，亦不必尽废他业。但每日习字工夫，不可不提起精神，随时随事，皆可触悟。四弟、六弟，吾不知其心有专嗜否？若志在穷经，则须专守一经；志在作制义，则须专看一家文稿；志在作古文，则须专看一家文集。作各体诗亦然，作试帖亦然。万不可以兼营并骛，兼营则必一无所能矣。切嘱切嘱！千万千万！此后写信来，诸弟各有专守之业，务须写明；且须详问极言，长篇累牍，使我读其手书，即可知其志向识见。凡专一业之人，必有心得，亦必有疑义。诸弟有心得，可以告我共赏之；有疑义，可以问我共析之；且书信既详，则四千里外之兄弟，不啻晤言一室，乐何如乎！

知人论世

详见本册《勤俭成大业》的“知人论世”部分。

阅读鉴赏

译文：

寻求学业之精深，没有别的办法，说的是一个“专”字而已。常言道“技能多并不能维持一个人的生计”，是说他不专一。我掘井很多却没有水可以喝，是不专的过失在起作用。各位弟弟无论如何都应当致力于专深一门学业，如九弟立志练书法，也不必完全抛弃其他方面。只是每天练习字帖之时决不可不提精神，随时随事，均可接触体会。至于四弟和六弟，我不知道你们心里究竟有专一门学业的爱好没有。如有志于探寻古代经典之学，就必须专守一经，如有志于作八股文，就必须专读一个人的文稿，如有志于作古文，就必须阅看一家的文集。作各种体裁的诗词也是如此，作应付科举考试中的试帖诗也是如此。千万不可以各门学问同时进行、心志不专，如果各门学问同时进行，则必定一无所成。切嘱切嘱！千万千万！此后你们写信给我，对于各人专守之学业，务必详细写明白，而且须向我详细询问到深处，文字多篇幅长也不要紧。以使我读了你们的信后，就可以知道你们的志向见识如何。凡是专攻一门学业的人，必定有心得体会，也必定存在着疑难问题需要解决。各位弟弟有什么心得体会，可以告诉我，让我与你们共同欣赏一番，有了疑难问题可以向我提出，我也可以与你们一起来分析探讨。

曾国藩教子与治家的理念和实践，是社会公众一致认可并极力推崇的。他一生戎马倥偬，但对子女、对家庭的教育从未放松过。曾国藩特别强调“勤以持家”，还强调“和以治家”，更是以此为家族宗旨，而他自己也是一丝不苟地言传身教。让人熟知的便是曾国藩的家书，其家教、家训基本都体现在他写的家书中。他前后写了一千余封家书，事无巨细，谆谆教诲，字里行间无不透露出他独特且朴实的治家育人理念。他对家人的教育与训诫让他的家族受益匪浅，后人都十分赞赏他的治家方略。

思考寄语

曾国藩在篇中所讲实际上涉及做学问有了一定基础后，如何进一步深入下去的辩证关系。如果只是“半桶水”，什么学问都想做，结果就会什么也做不成。这就必须做到一个“专”字，只有专，学问才能做到精深。即使自身条件不太好，只要我们集中自己的意志，倾力做每一件事，也一定会有很好的收益。这种有目的、有计划、有选择的循序渐进的学习方法，至今对我们仍有借鉴意义。

6 曾国藩六戒

诵读主体

第一戒：久利之事勿为，众争之地勿往。

第二戒：勿以小恶弃人大美，勿以小怨忘人大恩。

第三戒：说人之短乃护己之短，夸己之长乃忌人之长。

第四戒：利可共而不可独，谋可寡而不可众。

第五戒：天下古今之庸人，皆以一惰字致败；天下古今之才人，皆以一傲字致败。

第六戒：凡办大事，以识为主，以才为辅；凡成大事，人谋居半，天意居半。

知人论世

“六戒”出自曾国藩的《曾国藩家训》。该书是根据晚清名臣曾国藩的家书、家训等史料整理而成的，分为悔弟篇、戒傲篇、谕儿篇；体现了曾国藩在修身治学、为人处世、谨守家风等方面的过人之处，书信文字朴实，具有极强的感召力和说服力。

阅读鉴赏

译文：

第一戒：一直都能获利的事不要做，所有人都想争抢的地方不要去。

第二戒：不因别人的小缺点而忽视其他优点，不因小恩怨而忽略别人的大恩。

第三戒：经常说别人短处的人其实在掩饰自己的短处，经常夸耀自己长处的人实则嫉妒或者忌惮他人的长处。

第四戒：利益，往往是众人都渴望得到的，如果谁独占了利益而不与大家分享，那么一定会招致怨恨，甚至成为众矢之的。

第五戒：普通人失败的原因是“缺勤”，有才人失败的原因是“恃傲”。

第六戒：凡是办大事，首先需要有深厚的阅历和识见，并以才能作为辅助；凡是要成就大事的，一半在于人的谋划，另一半就要看天意了，看时机会不会来到。所谓谋事在人，成事在天。

曾有人评价曾国藩：“立德立言立功三不朽，为师为将为相一完人。”作为晚清第一名臣，曾国藩虽然出身一般，却凭借自己的努力不断精进，成为比肩圣人的存在。曾国藩之所以能取得这么大的成就，和他的处事风格是密不可分的。读懂曾国藩人生“六戒”，就学到了他做人做事之道。纵览曾国藩一生，从三十岁之前“一身毛病”，到三十岁之后成就斐然，其成功之道或许就藏在他恪守的“六戒”之中。

从平民的出身，到晚清“千古第一完人”的称号，曾国藩以自身的经历告诉今天的后代，只有经过不懈的努力追求与艰苦的奋斗过程，才能收获他所拥有的为人处世的真理与哲学，造就一代精英。

思考寄语

曾国藩的“六戒”对我们而言是极其宝贵的人生经验。没有人的青春是在红地毯上走过，既然梦想成为那个别人无法企及的自我，就应该选择一条属于自己的道路，为了到达终点，付出别人无法企及的努力。孩子，如果老天善待你，给了你优越的生活，请不要收敛了自己的斗志；如果老天对你百般设障，更请不要磨灭了对自己的信心和奋斗的勇气。努力会说谎，但努力不会白费！好运气都藏在你的实力里，也藏在你不为人知的努力里。道阻且长，行则将至；行而不辍，未来可期。

7 曾子杀彘

诵读主体

曾子之妻之市，其子随之而泣。其母曰："汝还，顾反为女杀彘。"妻适市来，曾子欲捕彘杀之。妻止之曰："特与婴儿戏耳。"曾子曰："婴儿非与戏也。婴儿非有知也，待父母而学者也，听父母之教。今子欺之，是教子欺也。母欺子，子而不信其母，非所以成教也。"遂烹彘也。

知人论世

韩非（约前280—前233），又称韩非子，战国末期韩国新郑（今属河南）人。中国古代思想家、散文家，战国末期带有唯物主义色彩的哲学家，法家学派代表人物。韩非是法家思想之集大成者，集商鞅的"法"、申不害的"术"和慎到的"势"于一身，将辩证法、朴素唯物主义与法融为一体，为后世留下了大量言论及著作。著有《孤愤》《五蠹》《内储说》《外储说》《说林》《说难》等文章，重点宣扬了法、术、势相结合的法治理论，达到了先秦法家理论的最高峰，为秦统一六国提供了理论武器，同时，也为以后的封建君主专制制度提供了理论根据。后人收集整理编纂成《韩非子》一书。

阅读鉴赏

译文：

曾子的妻子到集市上去，她的儿子跟在她后面边走边哭。曾子的妻子对儿子说："你先回去，等我回来后杀猪给你吃。"妻子从集市上回来，曾子就想抓只猪准备杀了它。他的妻子马上阻止他说："我只不过是跟儿子开了个玩笑罢了。"曾子说："不可以与儿子开玩笑。儿子什么都不懂，他只学习父母的，听从父母的教导。现在你欺骗了他，这就是在教育他欺骗人。母亲欺骗儿子，儿子就不会再相信他的母亲了，这不是正确教育孩子的方法啊。”于是曾子就煮猪给孩子吃了。

《曾子杀彘》是战国后期韩非写的一篇文章，选自《韩非子·外储说左上》，该故事生动地告诉人们：家长对孩子不能信口开河，要言必信。只有言传身教，才能使孩子诚实无欺，否则父母将失信于孩子。成人的言行对孩子影响很大，不可以不检点，做父母师长的要特别注重言传身教。父母师长的言行举止，可能会影响到孩子的将来，所以要给孩子树立一个良好的榜样。

勿以善小而不为，勿以恶小而为之。这则故事凸显了曾子言行一致的诚信美德。答应孩子的事情，就一定要办到，否则给孩子树立一个“言不行，行不果”的反面形象，会极大地降低父母在孩子心中的威信，也会对孩子将来的成长起到不好的作用。正是在这种言行一致的道德实践中，曾子的人格境界日渐升华，成为深受后人崇敬的人格典范。

《曾子杀彘》这则家喻户晓的故事体现了儒家“言必信”的道德理念。教育我们不论在教育子女方面，还是做人做事方面，都要注意言传身教，不能以欺骗作为手段，做任何事都要说到做到，不能说谎。要做到言必信，行必果。这样才能获得他人信任。曾子用自己的行动教育孩子要言而有信、诚实待人，这种教育方法是可取的。

思考寄语

曾子用言行告诉人们，为了做好一件事，哪怕对孩子，也应言而有信，诚实无诈，身教重于言教。选文中，曾子为了不失信于小孩，竟真的把猪杀了煮给孩子吃，目的在于用诚实守信的人生态度去教育后代、影响后代。我们作为青少年，虽然还是父母眼中的孩子，但是你的所作所为也会直接影响到周围的人，比如，你的弟弟、你的妹妹，所以请注意自己言行，一定要做一个言必信，行必果的人。

8 赤壁赋（节选）

诵读主体

苏子愀然，正襟危坐而问客曰："何为其然也？"客曰："'月明星稀，乌鹊南飞。'此非曹孟德之诗乎？西望夏口，东望武昌，山川相缪，郁乎苍苍，此非孟德之困于周郎者乎？方其破荆州，下江陵，顺流而东也，舳舻千里，旌旗蔽空，酾酒临江，横槊赋诗，固一世之雄也，而今安在哉？况吾与子渔樵于江渚之上，侣鱼虾而友麋鹿，驾一叶之扁舟，举匏樽以相属。寄蜉蝣于天地，渺沧海之一粟。哀吾生之须臾，羡长江之无穷。挟飞仙以遨游，抱明月而长终。知不可乎骤得，托遗响于悲风。"

苏子曰："客亦知夫水与月乎？逝者如斯，而未尝往也；盈虚者如彼，而卒莫消长也。盖将自其变者而观之，则天地曾不能以一瞬；自其不变者而观之，则物与我皆无尽也，而又何羡乎！且夫天地之间，物各有主，苟非吾之所有，虽一毫而莫取。惟江上之清风，与山间之明月，耳得之而为声，目遇之而成色，取之无禁，用之不竭，是造物者之无尽藏也，而吾与子之所共适。"

客喜而笑，洗盏更酌。肴核既尽，杯盘狼籍。相与枕藉乎舟中，不知东方之既白。

知人论世

苏轼（1037—1101），字子瞻，号东坡居士，世称苏东坡，眉州眉山（今属四川眉山）人，祖籍河北栾城。北宋文学家、书法家、美食家、画家，历史治水名人。苏轼才情奔放，是北宋中期文坛领袖，在诗、词、文、书、画等方面均有独到成就，"唐宋八大家"之一。其诗题材广阔、清新豪健；其词自如旷达，开豪放一派；其文纵横恣肆、明白畅达。

阅读鉴赏

《赤壁赋》写于苏轼一生最为困难的时期——被贬谪黄州期间。元丰二年（1079），因被诬作诗“谤讪朝廷”，苏轼因写下《湖州谢上表》，遭御史弹劾并扣上诽谤朝廷的罪名，被捕入狱，史称“乌台诗案”。几经重辟，惨遭折磨。后经多方营救，于当年十二月释放，贬为黄州团练副使，但“不得签署公事，不得擅去安置所”。这无疑是一种“半犯人”式的管制生活。元丰五年（1082），苏轼于七月十六和十月十五两次泛游赤壁，写下了两篇以赤壁为题的赋，后人因称第一篇为《赤壁赋》，第二篇为《后赤壁赋》。

这篇赋讲述了苏轼和朋友们夜晚泛舟游玩赤壁的所见、所思、所想，作者通过独特的构思，将“情、景、理”三者巧妙地融合其中，是文学史上的一篇经典之作。它以作者的主观感受为线索，通过主客问答的形式，记述了作者月夜泛舟的畅快到怀古伤今的忧愁，再到精神解脱的豁达。全赋在布局与结构安排中体现了其独特的艺术构思，写景抒情、说理结合，情韵深致、颇具哲思。此赋在中国文学史上有着很高的文学地位，对之后的赋、散文、诗歌产生了重大影响。

选文以主客问答的方式传达出作者在人生逆境中的思想认识和人生态度。主客问答的文章组织方式，既是对汉赋行文艺术的继承，更意味着过去之苏轼与今日之苏轼的对话，是苏轼在逆境的迷惘中对自我的开解和劝慰，是对生命的反思和超越。

作家祝勇曾写道：“几乎每一个中国人，都会与苏东坡相遇。”你在不经意间，就会触碰到他的琴弦，奏响人生境遇的共鸣。他在低谷时写下的《赤壁赋》，文不过千字，却暗藏一本人生指南。它能指点失意的人，重拾信心；也能告诫身处高峰的人，低调谦卑。

思考寄语

苏轼虽然历经坎坷，难遇圣明的君主，但是他依然在艰难挣扎中找到了人生的意义，不是人生短暂，俯仰一世，繁华落尽空余恨，也不是悲悲切切，凄苦悲凉，而是想到要在有限的生命里，找到自己的乐趣，我们也应该学习他达观精神，这样，我们才能笑对挫折，做一个生活的强者。乐观精神也是我党最重要的精神品质之一，正是对革命信仰的强烈坚定，才会具有强烈的革命乐观精神，才会在任何时候都不会放弃，而是找寻一切办法，去尽可能地战胜各种困难。一百年来共产党人的初心和使命未变，勇气与力量长存，只要我们始终保持革命乐观主义精神，去拼、去干，一定会创造出更加美好的未来。

9 酬乐天扬州初逢席上见赠

诵读主体

巴山楚水凄凉地，二十三年弃置身。
怀旧空吟闻笛赋，到乡翻似烂柯人。
沉舟侧畔千帆过，病树前头万木春。
今日听君歌一曲，暂凭杯酒长精神。

知人论世

刘禹锡（772—842），字梦得，籍贯河南洛阳，自述“家本荥上，籍占洛阳”，并自称先祖为中山靖王刘胜（一说是匈奴后裔）。唐朝时期文学家、哲学家，有“诗豪”之称。

刘禹锡诗文俱佳，涉猎题材广泛，内容多反映时事和民生疾苦，诗文继承前人优秀文学遗产，又吸取民间文学精华，形成了自己独特的创作风格。与柳宗元并称“刘柳”，与韦应物、白居易合称“三杰”，并与白居易合称“刘白”，著有《刘梦得文集》等，《陋室铭》《竹枝词》《杨柳枝词》《乌衣巷》均为名篇。

阅读鉴赏

《酬乐天扬州初逢席上见赠》首先紧承白居易诗《醉赠刘二十八使君》末联“亦知合被才名折，二十三年折太多”之句，对自己被贬谪、遭弃置的境遇，表达了无限辛酸和愤懑不平，亦显示自己对世事变迁和仕宦升沉的豁达襟怀，表现了诗人坚定的意志和乐观的精神，同时又暗含哲理，表明新事物必将取代旧事物。全诗感情真挚，沉郁中见豪放。不仅反映了深刻的人生哲理，也具有很强的艺术感染力。

总体来说，诗的首联以伤感低沉的情调，回顾了诗人的贬谪生活。颔联，借用典故暗示诗人被贬时间之长，表达了世态的变迁及回归以后人事生疏而怅惘的心情。颈联是全诗感情升华之处，也是传诵千古的警句。诗人把自己比作“沉舟”和“病树”，意思是自己虽屡遭贬低，新人辈出，却也令人欣慰，表现出他豁达的胸襟。尾联顺势点明了酬答的题意，表达了诗人重新投入生活的意愿及坚韧不拔的意志。

刘禹锡在这首诗中运用了层层递进的手法。首联，诗的第一层，先写自己无罪而长期被贬的遭遇，为全诗定下了愤激的基调。颔联，诗的第二层，通过对受害战友的悼念，以及自己回到故乡竟然恍如隔世的情景，使愤激之情进一步深化。颈联，诗的第三层，对比了自己的沉沦与新贵的得势，诗人的愤激之情达到了顶点。尾联，诗的第四层，急转直下，表示并不消极气馁，要抖擞振奋、积极进取，重新投入生活，以自勉自励结束。层层深入，言简意深。愤激而不浅露、感慨而不低沉、惆怅而不颓废，堪称刘禹锡的代表作品。刘禹锡在这首诗中所表现的身经危难，百折不回的坚强毅力，给后人以莫大的启迪和鼓舞，所以使人们古今传诵，交口称赞。

思考寄语

同样是遭贬谪，有的诗人极尽哀愁，而刘禹锡笔下却总是清新明丽、生趣盎然，永远透着希望的光芒。他认真地活在当下，真诚地赞美人生的每一个阶段。得意时高歌，失意时亦高歌。他用一生的故事告诉我们：失意时、难过时、沮丧时、困顿时，都没关系，把一切交给时间，你只需要看到眼前的那片光亮。

10 春江花月夜

诵读主体

春江潮水连海平，海上明月共潮生。
滟滟随波千万里，何处春江无月明！
江流宛转绕芳甸，月照花林皆似霰；
空里流霜不觉飞，汀上白沙看不见。
江天一色无纤尘，皎皎空中孤月轮。
江畔何人初见月？江月何年初照人？
人生代代无穷已，江月年年望相似。
不知江月待何人，但见长江送流水。
白云一片去悠悠，青枫浦上不胜愁。
谁家今夜扁舟子？何处相思明月楼？
可怜楼上月裴回，应照离人妆镜台。
玉户帘中卷不去，捣衣砧上拂还来。
此时相望不相闻，愿逐月华流照君。
鸿雁长飞光不度，鱼龙潜跃水成文。
昨夜闲潭梦落花，可怜春半不还家。
江水流春去欲尽，江潭落月复西斜。
斜月沉沉藏海雾，碣石潇湘无限路。
不知乘月几人归，落月摇情满江树。

知人论世

张若虚（670—730），扬州（今江苏扬州）人，唐朝诗人、儒客大家，曾任兖州兵曹。唐中宗神龙年间，与贺知章等吴越文士扬名京都，与贺知章、张旭、包融并称为“吴中四士”。

他的诗描写细腻、音节和谐、清丽开宕、富有情韵，在初唐诗风的转变中有重要地位。但受六朝柔靡诗风影响，常露人生无常之感。诗作大部散佚，《全唐诗》仅存2首，其一为《春江花月夜》，乃千古绝唱，是一篇脍炙人口的名作。

阅读鉴赏

被闻一多先生誉为“诗中的诗，顶峰上的顶峰”（《宫体诗的自赎》）的《春江花月夜》，一千多年来使无数读者为之倾倒。一生仅留下两首诗的张若虚，也因这一首诗，“孤篇横绝，竟为大家”。

全诗紧扣春、江、花、月、夜的背景来写，而又以月为主体。“月”是诗中情景兼融之物，它跳动着诗人的脉搏，在全诗中犹如一条生命纽带，通贯上下、触处生神，诗情随着月轮的生落而起伏曲折。月在一夜之间经历了升起——高悬——西斜——落下的过程。在月的照耀下，江水、沙滩、天空、原野、枫树、花林、飞霜、白沙、扁舟、高楼、镜台、砧石、长飞的鸿雁、潜跃的鱼龙、不眠的思妇及漂泊的游子，组成了完整的诗歌形象，展现出一幅充满人生哲理与生活情趣的画卷。这幅画卷在色调上是以淡寓浓，虽用水墨勾勒点染，但“墨分五彩”，从黑白相辅、虚实相生中，显出绚烂多彩的艺术效果，宛如一幅淡雅的中国水墨画，体现出春江花月夜清幽的意境美。

《春江花月夜》在思想与艺术上都超越了以前那些单纯模山范水的景物诗、“羡宇宙之无穷，哀吾生之须臾”的哲理诗、抒儿女别情离绪的爱情诗。诗人将这些屡见不鲜的传统题材，注入了新的含义，融诗情、画意、哲理于一体，凭借对春江花月夜的描绘，尽情赞叹大自然的绮丽景色，讴歌人间纯洁的爱情，把对游子、思妇的同情心扩大开来，与对人生哲理的追求、对宇宙奥秘的探索结合起来。从而汇成一种情、景、理水乳交融的幽美而邈远的意境。诗人将深邃美丽的艺术世界特意隐藏在惝恍迷离的艺术氛围之中，整首诗篇仿佛笼罩在一片空灵而迷茫的月色里，吸引着读者去探寻其中美的真谛。

思考寄语

朱光潜在《诗论》中说“诗是人生世相的返照”，《春江花月夜》描绘了一幅江南春夜清丽优美的画卷，寄寓了游子思归之苦，也寄托了诗人对自然、对美好生活的向往，表达了要珍惜眼前人和事，要以积极进取的心态去迎接生命中的美好和更多的可能。总之，《春江花月夜》通过生动的自然景观和深刻的哲理，阐释了人生的短暂和世事的无常，呼吁我们要积极向上，珍惜眼前人和事，拥抱美好生活。

11 春　日

诵读主体

胜日寻芳泗水滨，无边光景一时新。
等闲识得东风面，万紫千红总是春。

知人论世

朱熹（1130—1200），字元晦，一字仲晦，号晦庵，晚称晦翁，南宋著名的理学家、思想家、哲学家、教育家、诗人，闽学派的代表人物，世称朱子，是自孔子、孟子以来最杰出的弘扬儒学的大师。

朱熹十九岁考中进士，曾任江西南康、福建漳州知府、浙东巡抚等职，做官清正有为，振举书院建设。官拜焕章阁待制兼侍讲，为宋宁宗讲学。晚年遭遇庆元党禁，被列为“伪学魁首”，削官奉祠。庆元六年（1200）逝世，享年71岁，后被追赠为太师、徽国公，赐谥号“文”，故世称朱文公。

朱熹是“二程”（程颢、程颐）的三传弟子李侗的学生，与二程合称“程朱学派”。他是唯一非孔子亲传弟子而享祀孔庙、位列大成殿十二哲者。朱熹是理学集大成者，闽学代表人物，被后世尊称为朱子。他的理学思想影响很大，成为元、明、清三朝的官方哲学。

朱熹著述甚多，有《四书章句集注》《太极图说解》《通书解说》《周易读本》《楚辞集注》，后人辑有《朱子大全》《朱子集语象》等。其中《四书章句集注》成为钦定的教科书和科举考试的标准用书。

阅读鉴赏

《春日》是朱熹创作的一首描写春天风光的诗。首句“胜日寻芳泗水滨”，“胜日”指晴日，点明天气。“泗水滨”点明地点。“寻芳”，即是寻觅美好的春景，点明了主题。下面三句都是写“寻芳”所见所得。次句“无边光景一时新”，写观赏春景中获得的初步印象。用“无边”形容视线所及的全部风光景物。“一时新”，写春回大地，自然景物焕然一新。诗人选择了丽日晴空，沿着泗水河畔去郊游，看到无边无际的春天景色焕然一新，心中有说不出的耳目一新的喜悦。第三句“等闲识得东风面”，句中的“识”字承首句中的“寻”字。“等闲识得”是说春天的面容与特征是很容易辨认的。“东风面”借指春天，把春气、春景形象化、拟人化，把“识”字落到实处。第四句“万紫千红总是春”，是说这万紫千红的景象全是由春光点染而成的，人们从这万紫千红中认识了春天，此句的“万紫千红”又照应了第二句中的“光景一时新”。第三、四句是用形象的语言具体写出光景之新，寻芳所得，是对美好春光的不尽赞美。诗人在这里把春天写得生机勃勃、青春热烈。春天万物复苏，百花争奇斗艳、万紫千红，这美好的景致都是春风带来的，如果没有春风，就没有这美好的春天。赞美之中又发出理趣，别具一格。

从字面上看，这首诗好像是写游春观感，但细究则不然。寻芳的地点是泗水之滨，而此地在宋南渡时早被金人侵占。朱熹未曾北上，当然不可能在泗水之滨游春吟赏。其实诗中的“泗水”是暗指孔门，因为春秋时，孔子曾在洙、泗之间弦歌讲学，教授弟子。他在这美丽的春天来到泗水之滨——当年孔子讲学的地方“寻芳”，是别有一番感受的，因此，他的踏青赏春也就有了更深一层的含义。所谓“寻芳”即是指求圣人之道。“万紫千红”喻孔学的丰富多彩。这其实是一首寓理趣于形象之中的哲理诗。他是把孔子的学说比作催发生机、点染万物的春风，博大精深，泽被后世，表达了诗人于乱世中追求圣人之道的美好愿望。这首诗寓情于景，语言清新活泼，构思运笔奇妙，尤其是后两句，以其内涵丰富、形象鲜明，一直广为流传。

思考寄语

朱熹用《春日》来劝学说理。在诗人笔下，春天不仅是一种景象，更是一种精神状态。我们应该学习朱熹的思想和精神，不断地发掘和释放自己的生命力量，实现自己的价值和意义。要知道，发掘潜能是实现个人和社会的最大化价值的重要步骤。通过探索个人才能、建立自信心、学习和成长，以及接受挑战和创新，我们就能实现个人成就，并为社会做出积极的贡献。让我们一起迎接春天的到来，享受生命的美好。

12 次北固山下

诵读主体

客路青山外，行舟绿水前。
潮平两岸阔，风正一帆悬。
海日生残夜，江春入旧年。
乡书何处达？归雁洛阳边。

知人论世

王湾（693—751），号为德，洛阳（今河南洛阳）人，唐代诗人。玄宗先天年间进士及第，授荥阳县主簿。约开元五年（717），马怀素为昭文馆学士，奏请校正群籍，召博学之士，王湾当选其中。马怀素卒，由元行冲代马怀素之职，上表请通撰古今书目，名“群书目录”。由毋煚、韦述、余钦、殷践猷等分部而治之，王湾和刘仲丘合治集部图书，历时5年而成《群书四部录》200卷。后又与陆少伯等一起编校丽正书院藏书。王湾对南朝梁、齐以后的诗文集进行了大量的编校工作。书成后，因功授任洛阳尉。王湾的作品，现存10首。

作为开元初年的北方诗人，王湾往来于吴楚间，为江南清丽山水所倾倒，并受到当时吴中诗人清秀诗风的影响，写下了一些歌咏江南山水的作品，《次北固山下》就是其中最为著名的一篇。尤以其中“海日生残夜，江春入旧年”两句，得到当时的宰相张说的极度赞赏，并亲自书写悬挂于宰相政事堂上，让文人学士作为学习的典范。由此，这两句诗中表现的那种壮阔高朗的意境便对盛唐诗坛产生了重要的影响。

阅读鉴赏

《次北固山下》以准确精练的语言描写了冬末春初时作者在北固山下停泊时所见到青山绿水、潮平岸阔等壮丽之景，抒发了作者深深的思乡之情。

开头以对偶句发端，写神驰故里的漂泊羁旅之情怀；次联写“潮平”“风正”的江上行船，情景恢宏广阔；三联写拂晓行船的情景，对仗隐含哲理，“形容景物，妙绝千古”，给人积极向上的艺术魅力；尾联见雁思亲，与首联呼应。全诗用笔自然、写景鲜明、情感真切、情景交融、风格壮美、极富韵致，历来广为传诵。

诗歌对偶工丽、用字精练。“潮平两岸阔”中“平”和“阔”两个字画面感极强。“风正一帆悬”中的“正”字，指江风和顺而不猛烈，恰到好处。“海日生残夜，江春入旧年”中“生”“入”二字赋予“海日”“江春”以人的情态，驱赶寒夜和严冬，给人带来光明、温暖和希望。此联明写昼夜交替、冬春变换，实则表达出新生事物必然战胜旧事物的哲理。

海日东升、春意萌动，诗人放舟于绿水之上，继续向青山之外的客路驶去。这时候，一群北归的大雁正掠过晴空。雁儿会经过洛阳，诗人想起了“雁足传书”的故事，还是托雁捎个信吧：雁儿啊，烦劳你们飞过洛阳的时候，替我问候一下家里人。这两句紧承三联而来，遥应首联，全篇笼罩着一层淡淡的乡思愁绪。

思考寄语

《次北固山下》蕴含了万事万物更替的规律，启示我们在遇到困难时，要看到其中孕育着的生机，在绝望的时候，也许就是希望的前奏。中国共产党成立一百年来，无论革命、建设和改革时期，都经历了不同于任何一个政党所经历的历史进程。这一百年我们在应对危机和困境中成长，在发现问题和解决问题中成熟。“坚持真理，修正错误”使我们党一次次绝境逢生，在生死攸关的转折点转危为安，苦难辉煌，正是党一百年来奋斗历程的真实写照。我们应接续先辈的接力棒，满怀信心地奔跑在下一个百年的伟大复兴之路上。

13 从军行

诵读主体

烽火照西京，心中自不平。
牙璋辞凤阙，铁骑绕龙城。
雪暗凋旗画，风多杂鼓声。
宁为百夫长，胜作一书生。

知人论世

杨炯（650—693），字令明，华州华阴（今陕西华阴）人。唐朝大臣、文学家，常山郡公杨初曾孙，与王勃、卢照邻、骆宾王并称“初唐四杰”。

其聪敏博学，文采出众。显庆四年(659)，进士及第，授弘文馆待制。上元三年(676)，参加制举，补为校书郎。永淳元年(682)，擢为太子(李显)詹事司直。垂拱二年(686)，贬为梓州司法参军。如意元年(692)，迁盈川县令。如意二年(693)，卒于任上。

其文学才华出众，善写散文，尤擅写诗歌。现存诗30余首，在内容和艺术风格上以突破齐梁“宫体诗风”为特色，在诗歌发展史上起到承前启后的作用，明代童佩辑有《杨盈川集》十卷。

阅读鉴赏

译文：

烽火映照着都城长安，我的心中难以平静。出征的号令从皇宫传出，精锐的骑兵包围了敌人的都城。纷扬的大雪使彩旗暗淡，呼啸的寒风夹杂着战鼓声。我宁愿做军中一个小小的百夫长，也胜过我做一个舞文弄墨的书生。

《从军行》是乐府旧题，杨炯不落窠臼，用五言律诗的形式描写了一个读书士子从军边塞、参加战斗的全过程，整首诗仅仅四十个字，笔力雄劲。描写了唐军将士壮志凌云、英勇奋战的场景，在诗风绮靡的初唐诗坛上呈现了难得的雄浑刚健、慷慨激昂。

诗人以雄壮激昂的语言开篇，把读者带入了动荡不安的战乱时期。烽火照西京，象征着战火纷飞、军情紧急，国家岌岌可危；心中自不平，显示出诗人对战乱局势的忧虑和对国家命运的担忧。

颔联中牙璋象征着皇室权力、“凤阙”是皇宫的代称。辞别凤阙意味着放弃了荣华富贵，选择投身战场。铁骑绕城，形象地写出了唐军包围敌人的军事形态，暗示战争已经临近。

颈联通过对雪暗、凋旗、风多、杂鼓声的描写，使读者感受到战场上的凄凉和混乱。寒冷的雪夜中，战旗凋零，意味着战争的残酷与无情。风多杂鼓声，则展示了战场上的喧嚣和紧张，让人联想到战士们勇往直前的场景。

尾联“宁为百夫长，胜作一书生”，是整首诗的高潮和诗人的宣言。宁愿成为千军万马中的普通下级军官，投身战场，与敌人搏斗，保家卫国；而不愿仅仅成为寻章雕句的一介书生，诗人表达了自己在战乱年代中投笔从戎、出塞参战的选择和决心。

思考寄语

著名美学家李泽厚说："当时从高门到寒士，从上层到市井，在初唐东征西讨、大破突厥、战败吐蕃、招安回纥的天可汗（太宗）时代里，一种为国立功的荣誉感和英雄主义弥漫在社会氛围中。"杨炯的这首诗，是当时士人阶层的最强音，有着鲜明的时代特征。当代青年生逢盛世，与古人相比，我们有着更多的机遇和资源，但同时也面临着更大的挑战和责任。当代青年肩负中华民族伟大复兴的光荣使命，理应从过去的历史中汲取力量，积极进取、勇往直前，将个人的梦想和目标融入国家富强和文明的进程中去。

14 从军行七首（其四）

诵读主体

青海长云暗雪山，
孤城遥望玉门关。
黄沙百战穿金甲，
不破楼兰终不还。

知人论世

王昌龄（698—757），字少伯，汉族，唐代著名边塞诗人，后人誉为"七绝圣手"。他的边塞诗气势雄浑、格调高昂，充满了积极向上的精神。世称王龙标，有

“诗家天子王江宁”之称，存诗170余首，作品有《王昌龄集》。与李白、高适、王维、王之涣、岑参等交厚。官至秘书省校书郎。

阅读鉴赏

《从军行七首》是唐代诗人王昌龄的组诗作品。这组诗以内容相关的七首诗形成连章，反映了复杂丰富的边塞生活。全诗意境苍凉、慷慨激昂，充分显示出盛唐气象。第四首主要表现战士们为保卫祖国矢志不渝的崇高精神。

首句“青海长云暗雪山”，以苍茫的青海湖、连绵的云雾和高耸的祁连山作为背景，长云和暗雪给人一种沉重压抑的感觉，也预示着战斗的艰辛和险恶。

次句“孤城遥望玉门关”，“孤城”，指戍边将士们的驻守之地，因地广人稀，给人以孤独之感，玉门关汉时为通往西域各地的门户。诗人采用虚实结合的艺术手法，将地理位置相距万里之遥，现实中无从肉眼望见的玉门关，组织进了诗中，给人咫尺之间见万里之景的艺术感觉，渲染出了边关景色的寥廓、苍凉。

接下来的两句“黄沙百战穿金甲，不破楼兰终不还”，表现出边关战事的紧张激烈。西北边地，黄沙飞扬、遮天蔽日、一片迷蒙，足见环境之艰苦；将士们戍守边关、旷日持久，虽身经百战，连铠甲都已磨破，仍不能还家，足见征戍之久；将士们久戍边关理当思乡情切，按照常理诗作接下来也许会是表达思乡的凄苦和无奈，然而第四句诗出人意料地唱出了高亢嘹亮的爱国雄音：“不破楼兰终不还”。“楼兰”，汉时西域国名，此处泛指侵犯西北之敌，这句诗语意豪迈、气贯长虹，抒发了将士们虽远离家乡、艰苦作战，但仍以国家为重、以克敌为志，有坚如磐石的报国之心，此句成功地塑造出了不畏艰险、舍身为国、誓与大唐共存亡的铁血英雄群像，他们是何等质朴善良、英勇爱国！这种英雄气度，千百年来仍感人至深、催人泪下。

思考寄语

自古以来，中国文学中涌现出许多抒写爱国豪情的诗篇。在《诗经·秦风·无衣》中，秦国士兵齐心协力、同仇敌忾，唱出“岂日无衣，与子同袍。王于兴师，修我戈矛，与子同仇”；屈原《国殇》中，“身既死兮神以灵，子魂魄兮为鬼雄”的楚国士兵，勇武刚强，凛然不可侵犯，即使身首异处也壮心不改；杨炯《从军行》中，诗人表达出“宁为百夫长，胜作一书生”的心声，宁愿做一名低级军官为国杀敌、血染疆场，也不愿躲在书斋之中舞文弄墨消磨时光。这些作品与王昌龄的“不破楼兰终不还”一样，都是对爱国英雄的赞歌。这些爱国名篇千百年来代代相传、经久不衰，至今仍然激发人们的感慨和敬意。

15 大风歌

诵读主体

大风起兮云飞扬，
威加海内兮归故乡。
安得猛士兮守四方？

知人论世

刘邦（前256—前195），字季，沛郡丰邑（今江苏丰县）人。中国历史上杰出的政治家、战略家和军事指挥家，汉朝开国皇帝，汉民族和汉文化的奠基者和开拓者，对汉族的发展及中国的统一有突出贡献。

《汉书·高帝纪》记载刘邦祖先源流深远，起自陶唐，亦是晋国大夫士会的后代。刘邦这一代已成为平民，出身农家，豁达大度，不事生产。初仕秦朝，授沛县泗水亭长，后来释放刑徒，亡匿于芒砀山中。陈胜起义之后，集合三千子弟响应，攻占沛县，自称沛公，投奔名将项梁，任砀郡长，受封为武安侯，统领砀郡兵马。率军进驻灞上，接受秦王子婴投降，废除秦朝苛法，约法三章。鸿门宴之后，受封为汉王，统治巴蜀及汉中一带。能够知人善任，注意虚心纳谏，充分发挥部下的才能，积极整合反对项羽的力量，终于击杀西楚霸王项羽，赢得楚汉之争，统一天下。即位于定陶汜水之阳，后来定都长安，建立西汉。陆续消灭臧荼、韩王信、韩信、彭越、英布等异姓诸侯王，分封九个同姓诸侯王。建章立制，休养生息，励精图治。兵员归家，豁免徭役，重农抑商，恢复社会经济，稳定统治秩序。安抚人民生活，奠定了汉朝雍容大度的文化基础。对外与匈奴和亲，开放边境关市，积极缓和汉匈关系。

公元前195年，讨伐英布叛乱的时候，伤重不起。制定“白马之盟”后，驾崩于长安，谥号高皇帝，庙号太祖，葬于长陵。

阅读鉴赏

《大风歌》这首诗既抒发了作者对伟大政治抱负的追求，同时也展示了他对国家大事的深刻忧虑。尽管只有短短三句，却蕴含着复杂的思想情感。

诗篇以大风和飞云作为开篇，令人叹为观止。作者巧妙运用大风和翻卷的乌云，而非直接描写自己与部下在宏伟战场上歼敌的场景，以隐喻形式展示了惊心动魄的战争景象。

“威加海内兮归故乡”，只一个“威”字就那样生动贴切地阐明了各诸侯臣服于大汉天子刘邦的脚下，一个“威”字也直抒了刘邦的威风凛凛、所向披靡，天下无人能与之匹敌的那种巨无霸的冲天豪迈。

但诗篇的着重点乃是后一句“安得猛士兮守四方”，此句比照上一句，是直抒胸臆，但这最后一句，刘邦没有继续沉浸在胜利后的巨大喜悦与光环之中，而是笔锋一转，写出内心又将面临的另一种巨大的压力。这一句既是希冀，又是疑问。昔日的功臣一个个谋反，独留他在此老泪纵横。末句显露了刘邦的无奈，抒发了天下有谁能为他守住这片江山之感慨。

思考寄语

刘邦是中国历史上少有的杰出政治家和统一帝国的创立者。他成功地将四分五裂的中国统一起来，结束了长期的战乱和分裂局面，使国家重新获得稳定和繁荣。他为汉民族的形成、中国的强大统一及中华文化的传承和发扬作出了决定性的贡献。刘邦所创立的政治体制和经济制度为后世统治者所传承，他开创的大汉帝国，被誉为中国历史上最辉煌的朝代之一，令后世国人景仰和怀念。

16 道德经·第二十五章

诵读主体

有物混成，先天地生。寂兮寥兮，独立而不改，周行而不殆，可以为天地母。吾不知其名，字之曰道，强为之名曰大。大曰逝，逝曰远，远曰反。故道大，天大，地大，王亦大。域中有四大，而王居其一焉。人法地，地法天，天法道，道法自然。

知人论世

《道德经》是中国古代先秦时期的一部著作，是道家哲学思想的重要来源。

老子，姓李名耳，字聃，一字伯阳，春秋末期人，中国古代思想家、哲学家、文学家和史学家，道家学派创始人和主要代表人物，曾被列为世界文化名人，世界百位历史名人之一。

阅读鉴赏

译文：

有一个东西混然而成，在天地形成以前就已经存在。听不到它的声音也看不见它的形体，寂静而空虚，不依靠任何外力而独立长存永不停息，循环运行而永不衰竭，可以作为万物的根本。我不知道它的名字，所以勉强把它叫作“道”，再勉强给它起个名字叫作“大”。它广大无边而运行不息，运行不息而伸展遥远，伸展遥远而又返回本原。所以说道大、天大、地大、王也大。宇宙间有四大，而王居其中之一。人取法于地，地取法于天，天取法于“道”，而“道”本性自然。

《道德经·第二十五章》结构上可分为两部分，其中，第一部分主要谈论

“道”的性质，第二部分主要谈论人或王体道。“有物混成，先天地生”，“物”即指“道”。河上公注曰：“谓道也。道无形混沌，而万物生，乃在天地之前。”“道”是“象帝之先”（《道德经·第四章》），表明了“道”是天地万物的创造者，万物的总规律，包括自然规律。

关于“周行而不殆”。河上公注曰：“道通行天地，无所不入，在阳不焦，托阴不腐，无不贯穿，而不危殆也。”成玄英言：“道无处不在，名曰周行。所在皆通，故无危殆。”这些都说明了“道”无处不在与无时不动。

关于“可以为天地母”，《道德经·第五十二章》：“天下有始，以为天下母。”唐代王真曰：“母者道之宗，宗者一也。”“大曰逝，逝曰远，远曰反”之“逝、远、反”都与道的运行相关，这进一步说明了“道”生成万物，并贯穿其始终的特性。

“故道大，天大，地大，王亦大。域中有四大，而王居其一焉”，苏辙曰：“由道言之，则虽天地与王，皆不足大也。然使人一日复性，则此三者皆足以尽之矣。”王弼认为：“而王是人之主也。”老子将“道”作“大”，由此便把主题转移到作为“道”的体现者“王”身上了，突出了“王”的主体地位。老子将“道”用于修身养性，让侯王治国治民实现“无为而治”，其诉求更多的是反映社会人事。

“人法地，地法天，天法道，道法自然”，王弼注曰：“法，谓法则也。”“法自然者，在方而法方，在圆而法圆，于自然无所违也。”亦即人要顺从固有规律，不违背自然。

思考寄语

《道德经·第二十五章》通过对道和宇宙法则的探讨，赋予我们关于人生和行为的重要启示。其中“人法地，地法天，天法道，道法自然”的论述，提醒我们在人际关系和处世之道上，应当保持宁静和坚定，以谦虚和谨慎的态度对待他人。同时，我们应当顺应自然规律，与道相合，并与社会和自然之间保持和谐共生的关系，以实现个人的成长和发展。

17 登 高

诵读主体

风急天高猿啸哀，渚清沙白鸟飞回。
无边落木萧萧下，不尽长江滚滚来。
万里悲秋常作客，百年多病独登台。
艰难苦恨繁霜鬓，潦倒新停浊酒杯。

知人论世

杜甫（712—770），字子美，自号少陵野老。举进士不第，曾任检校工部员外郎，故世称杜工部，是唐代伟大的现实主义诗人，宋以后被尊为“诗圣”，与李白并称“李杜”。其诗大胆揭露当时的社会矛盾，表达对穷苦人民的深切同情，内容深刻。许多优秀作品，显示了唐代由盛转衰的历史过程，因此被称为“诗史”。在艺术上，善于运用各种诗歌形式，尤长于律诗；风格多样，以沉郁为主；语言精练，具有高度的表达能力。存诗约1500首，有《杜工部集》。

阅读鉴赏

译文：

秋风急、秋气高猿声凄哀，洲渚青沙滩白鸟儿飞回。落叶一望无际萧萧落下，长江不见尽头滚滚涌来。悲伤面对秋景万里漂泊最恨常作过客，一生多病独自登上高台。深为憾恨鬓发日益斑白，困顿潦倒病后停酒伤怀。

首联借风、天、猿、渚、沙、鸟六种景物，并以急、高、哀、清、白、飞等词修饰，指明了节序和环境，渲染了浓郁的秋意，风物具有鲜明的夔州地区特征。这两句不仅是工对的联语，而且句中自对，如“天高”对“风急”，“沙白”对“渚清”。句法严谨、语言锤炼，素来被视为佳句。

颔联看山为远望，写水为俯瞰。落木而说“萧萧”，并以“无边”修饰，如闻秋风萧瑟，如见败叶纷扬；长江而说“滚滚”，并用“不尽”一词领起，如闻滚滚涛声，如见湍湍水势。两句诗无论是描摹形态，还是形容气势，都极为生动传神。从萧瑟的景物和深远的意境中，可以体察出诗人壮志难酬的感慨之情和悲凉心境。

诗篇后四句抒发登高所生之慨。颈联上句写羁旅之愁。“常作客”，表明诗人多年漂泊不定的处境；“万里”，说明夔州距离家乡非常遥远，是从距离上渲染愁苦之深；“悲秋”，又是从时令上烘托悲哀之重，“秋”字是在前两联写足秋意后，顺势带出，并应合着“登高”的节候。下句写孤病之态。“百年”，犹言一生；“百年多病”，迟暮之年百病缠身，痛苦之情可想而知；“独”，写出举目无亲的孤独感；“登台”，二字明点题面，情才因景而生。这两句词意精练，含义极为丰富，叙述自己远离故乡、长期漂泊，而暮年多病、举目无亲，秋季独自登高，不禁满怀愁绪。尾联进一步写国势艰危、仕途坎坷，年迈和忧愁引得须发皆白；而因疾病缠身，新来戒酒，所以虽有万般愁绪，也无以排遣。古人重阳节登高按例是要饮酒的，而诗人连这点欢乐也失去了。这一联分承五、六句，“艰难”备尝是因“常作客”所致；“潦倒”甚又是“多病”的结果。诗前半写景、后半抒情，在写法上各有错综之妙。

首联着重刻画眼前具体景物，好比画家的工笔，形、声、色、态，一一得到表现。颔联着重渲染整个秋天的气氛，好比画家的写意，只宜传神会意，让读者用想象补充。颈联表现感情，从纵（时间）、横（空间）两方面着笔，由异乡漂泊写到多病残生。尾联又从白发日多、护疾断饮，归结到时世艰难是潦倒不堪的根源。这样，杜甫忧国伤时的情怀，便跃然纸上。

此诗八句皆对。粗略一看，首尾好像“未尝有对”，胸腹好像“无意于对”，细细体味，“一篇之中，句句皆律，一句之中，字字皆律”，无怪乎明人胡应麟盛誉其为“旷代之作”，清代杨伦推崇此诗为“杜集七言律诗第一”。

思考寄语

“悲秋”历来是中国文学史上一个经久不衰的主题，杜甫的《登高》写于人生暮年，此诗虽然充满浓浓的悲凉之意，但却处处散发着悲剧之美，展现出了具有悲壮色彩的人生意义。杜甫写出了人生的无奈，却没有流露出消极的人生态度，仕途坎坷、命运多舛的杜甫，始终怀抱着“致君尧舜上，再使风俗淳”的理想，积极入世。关心国家民族的命运，他心中怀揣着对国家、对黎民、对现实、对社会的关怀，怀揣着一个“仁者”对家国深沉的爱，这正是杜甫被称为“诗圣”的重要原因。

18 定风波·莫听穿林打叶声

诵读主体

三月七日，沙湖道中遇雨，雨具先去，同行皆狼狈，余独不觉。已而遂晴，故作此词。

莫听穿林打叶声，何妨吟啸且徐行。竹杖芒鞋轻胜马，谁怕？一蓑烟雨任平生。

料峭春风吹酒醒，微冷，山头斜照却相迎。回首向来萧瑟处，归去，也无风雨也无晴。

知人论世

详见本册《赤壁赋（节选）》的“知人论世”部分。

阅读鉴赏

此词为醉归遇雨抒怀之作。词人借雨中潇洒徐行之举，表现了虽处逆境屡遭挫折而不畏惧、不颓丧的倔强性格和旷达胸怀。全词即景生情，语言诙谐。

首句“莫听穿林打叶声”，一方面渲染出雨骤风狂，另一方面又以“莫听”二字点明外物不足萦怀之意。“何妨吟啸且徐行”，是前一句的延伸。在雨中照常舒徐行步，呼应小序“同行皆狼狈，余独不觉”，又引出下文“谁怕”，即不怕来。“徐行”而又“吟啸”，是加倍写；“何妨”二字透出一点俏皮，更增加挑战色彩。开篇两句是全篇枢纽，以下词情都是由此生发。

在雨中行走，按照生活常态，当然是骑马胜过竹杖芒鞋，但是苏轼却说：“竹杖芒鞋轻胜马，谁怕？”这里当然不是写实，而是继续写自己当时的心态。当自己拥有平静悠闲的心态时，即使是竹杖芒鞋行走在泥泞之中，也胜过骑马扬鞭疾驰而去。竹杖芒鞋行走在风雨中，本是一种艰辛的生活，而苏轼却走得那么潇洒、悠闲。对于这种生活，他进一步激励自己：“谁怕？”意思是说，我不怕这种艰辛和磨难。这是一句反问句，意在强调这种生活态度。为什么要强调这种生活态度呢？因为对于苏轼，这就是他一生的生活态度，所以他说：“一蓑烟雨任平生。”“一蓑烟雨”是说整个蓑衣都在烟雨中，实际上是说他的全身都在风吹雨打之中。这“一蓑烟雨”也象征人生的风雨、政治的风雨。而“任平生”，是说一生任凭风吹雨打，而始终那样的从容、淡定、达观。

我们再看词的下阕，下阕转到写雨后的情景和感受。“料峭春风吹酒醒，微冷，山头斜照却相迎。”这里描绘了一个有趣而又充满哲理的画面：一边是料峭春风，作者感到丝丝的冷意；一边是山头斜照，作者感到些许的暖意。这既是写景，也是表达人生的哲理。人生不就是这样充满辩证法的吗？在寒冷中有温暖、在逆境中有希望、在忧患中有喜悦。当你对人生的这种辩证法有了了悟之后，就不会永远沉陷在悲苦和挫折之中，会在微冷的醒觉中升起一股暖意、一线希望。

其实以上三句表达的还只是一种儒家的境界，这是一种入世的人生态度。在此基础上，苏轼进一步彻悟人生：“回首向来萧瑟处，归去，也无风雨也无晴。”归去之后，看刚才刮风下雨的地方，哪里有什么雨，哪里有什么晴。所谓风雨，所谓晴，不过是人心中的幻象而已，令人深思。

思考寄语

这首记事抒怀之词是苏轼在宋神宗元丰五年（1082）的春天所作，读过这首词的人，都会被其中读来酣畅淋漓的语言风格所折服，但其实，当时苏轼的处境和生活，并不像词中所展现的那样洒脱，而其正处于人生的最低谷。那是苏轼因“乌台诗案”被贬黄州（今湖北黄冈）做团练副使的第三个春天，这个地方环境恶劣，苏轼的身体状况也受到了很大的影响。但是，从整首词中，我们却看不到他的悲观消极，反而是那一句“一蓑烟雨任平生”的豁达、那一句“也无风雨也无晴”的淡然，让我们读来心灵为之震撼。作家罗曼·罗兰说过：世界上只有一种真正的英雄主义，就是在看清生活的真相后，依然热爱生活，我想，苏轼就是这样一个在苟且的生活中，纵使伤痕累累，也依然向阳而生的人。愿我们也能从苏东坡的诗词中体悟到那一份豁达和淡然，不忘初心、乘风破浪，去踏遍黄沙大海，走过人生的每一个低谷。

19 独坐敬亭山

诵读主体

众鸟高飞尽，孤云独去闲。
相看两不厌，只有敬亭山。

知人论世

李白（701—762），字太白，号青莲居士。其是继屈原之后最具个性特色、最伟大的浪漫主义诗人，有“诗仙”之美誉，与杜甫并称“李杜”。其诗以抒情为主，表现出蔑视权贵的傲岸精神，对人民疾苦表示同情，又善于描绘自然景色，表达对祖国山河的热爱。诗风雄奇豪放、想象丰富，语言流转自然，音律和谐多变，善于从民间文艺和神话传说中吸取营养和素材，构成其特有的瑰玮绚烂的色彩，达到盛唐诗歌艺术的巅峰。存世诗文千余篇，有《李太白文集》三十卷。

阅读鉴赏

《独坐敬亭山》是李白于天宝十二年（753）秋游宣州时创作的一首抒写心境的佳作。它以浅近明快的语言，表达出无尽的情思韵味，广受赞誉。清人徐增说：“白七言绝，佳；而五言绝，尤佳。此作于五言绝中，尤其佳者也。”

关于此诗的主题思想，许多研究者误以为，此诗抒发的是李白政治失意、怀才不遇的怨悱之情与孤独之感，开篇“众鸟高飞尽，孤云独去闲”，以浅显素淡的文字写天上的鸟儿们高飞远去，渐渐杳无踪迹，辽阔的长空，一片孤云悠闲地慢慢飘远。“尽”字既点染出群鸟喧闹而逝的形态，也烘托出喧嚣退却后环境的安宁；“闲”字则既以拟人化的手法，赋予孤云悠然飘离的情态，也衬托出作者心境的闲适。

诗的后两句“相看两不厌，只有敬亭山”，运用拟人手法将敬亭山人格化，并转出深远的情思，既将诗意推至一个新境地，也指出虽众鸟高飞、孤云独去、身无佳友亲朋在侧，但诗人此刻却拥有一份可与敬亭山同悲欢，令心灵得以净化和升华的、诗意的孤独。如果说“首二句已绘出‘独坐’神理，三四句偏不从独处写，偏曰‘相看两不厌’，从不独处写‘独’字，倍觉警妙异常”（清·李镇辑《诗法易简录》）。悠然独坐的诗人，在静思冥想中与寂然耸立的敬亭山忽然神会，“相看”二字后着“两”字，不仅言明诗人与敬亭山对若宾主，更赋予诗人所静享的此种孤独以诗意。

这首诗以浅近晓畅的文字，营造出安宁静谧之境，虽着意渲染出一份孤独，但却并非是因抱负难展而滋生的无以排遣的孤独，而是如清人刘宏煦所云：“鸟尽天空，孤云独去，青峰历历，兀坐怡然。写得敬亭山竟如好友当前，把臂谈心，安有厌倦，且敬亭山之外，又安有投契若此者？然此情写之不尽，妙以‘两不厌’三字了之。为‘独坐’二字传神，性灵结撰，无复笔墨痕迹。”（《唐诗真趣编》）所展现的是令诗人心灵自由徜徉，一人得以静享的别样而诗意的孤独。

思考寄语

法国思想家卢梭曾有一段名言："唯独在这些孤独和沉思默想的时刻，我才是真正的我，才是和我的天性相符的我，我才既无忧烦又无羁束。"诗人此时面对敬亭山，可以默想往昔的欢荣，甚至是往昔的绮梦，也可以不去思索、悠然静坐，与天地意投神洽，聆听心灵的低语，享受一份静默，让一切都释然在诗意的孤独中。

20 读书要三到

诵读主体

凡读书，须整顿几案，令洁净端正。将书册整齐顿放，正身体，对书册，详缓看字，仔细分明读之。须要读得字字响亮，不可误一字，不可少一字，不可多一字，不可倒一字，不可牵强暗记，只是要多诵数遍，自然上口，久远不忘。古人云，"读书百遍，其义自见"。谓读得熟，则不待解说，自晓其义也。余尝谓，读书有三到，谓心到，眼到，口到。心不在此，则眼不看仔细，心眼既不专一，却只漫浪诵读，决不能记，记亦不能久也。三到之中，心到最急。心既到矣，眼口岂不到乎？

知人论世

详见本册《春日》的"知人论世"部分。

阅读鉴赏

朱熹是南宋时期理学大家，又是著名的教育家。他一生大部分时间都在读书和教书，提出过许多精辟的见解。他去世后不久，弟子们将他的读书经验归纳为六条，称为“朱子读书法”，对于今人仍有启示和借鉴的作用。

朱子云：“读书之法，莫贵于循守而致精。”第一，循序渐进。也就是说，读书得有个先后顺序，读通一书，再读一书。就读一书而言，则要逐字逐句逐段按顺序读，这样才不会生吞活剥或杂乱无章。第二，熟读精思。他认为有些人读书收效不大，是由于在“熟”和“精”二字上下的功夫不够。他批评那种读书贪多的倾向，一再讲“读书不可贪多，且要精熟”。第三，虚心涵泳（反复咀嚼）。朱熹曾批评当时普遍存在的两种毛病：一是“主私意”，以己度人、穿凿附会，歪曲了古人本来意思。二是“旧有先人之说”，就是先前接受的观点不肯放弃，从而排斥接受新的观点。第四，切己体察。朱熹主张“读书穷理，当体之于身”。什么叫“体之于身”？就是要心领神会、身体力行。朱熹强调读书必须联系自己、联系实际，将学到的理论转化为行动。第五，着紧用力。包含两个意思：一是指时间上要抓紧，二是指精神上要振作。第六，居敬持志。所谓居敬持志，就是读书必须精神专一、全神贯注，还要有远大的志向，顽强的毅力。这也是朱熹读书之法最基本的精神。

思考寄语

高尔基曾经说过，书籍是人类进步的阶梯。读书也是现代人提升个人能力的必由之路。生活在当下，在注意力都成为稀缺资源的时代，人们怎样抛却浮躁，开卷有益成了一个值得深思和探讨的话题，碎片化阅读大行其道的时代，朱子的读书格言犹如流进莘莘学子心田里的一股清泉，让人眼明心亮：“循序渐进，熟读精思，虚心涵泳，切己体察，着紧用力，居敬持志”。让我们回归阅读的初心，静静享受阅读带来的精神抚慰和心灵滋养。

致福成义 礼达四方

1 唐雎不辱使命

诵读主体

秦王使人谓安陵君曰："寡人欲以五百里之地易安陵，安陵君其许寡人！"安陵君曰："大王加惠，以大易小，甚善；虽然，受地于先王，愿终守之，弗敢易！"秦王不说。安陵君因使唐雎使于秦。

秦王谓唐雎曰："寡人以五百里之地易安陵，安陵君不听寡人，何也？且秦灭韩亡魏，而君以五十里之地存者，以君为长者，故不错意也。今吾以十倍之地，请广于君，而君逆寡人者，轻寡人与？"唐雎对曰："否，非若是也。安陵君受地于先王而守之，虽千里不敢易也，岂直五百里哉？"

秦王怫然怒，谓唐雎曰："公亦尝闻天子之怒乎？"唐雎对曰："臣未尝闻也。"秦王曰："天子之怒，伏尸百万，流血千里。"唐雎曰："大王尝闻布衣之怒乎？"秦王曰："布衣之怒，亦免冠徒跣，以头抢地尔。"唐雎曰："此庸夫之怒也，非士之怒也。夫专诸之刺王僚也，彗星袭月；聂政之刺韩傀也，白虹贯日；要离之刺庆忌也，仓鹰击于殿上。此三子者，皆布衣之士也，怀怒未发，休祲降于天，与臣而将四矣。若士必怒，伏尸二人，流血五步，天下缟素，今日是也。"挺剑而起。

秦王色挠，长跪而谢之曰："先生坐！何至于此！寡人谕矣：夫韩、魏灭亡，而安陵以五十里之地存者，徒以有先生也。"

知人论世

唐雎（生卒年不详），魏国大梁（今河南开封）人，战国时期魏国、安陵国的谋士。

本文节选自《战国策》，是西汉刘向编订的国别体史书，展示了战国时代的历史特点和社会风貌，是研究战国历史的重要典籍。

阅读鉴赏

故事的写作背景是秦始皇二十二年（前225），秦国灭掉魏国之后，想以“易地”之名占领安陵国。安陵是附属于魏国的一个小国，安陵君本是魏襄王的弟弟。当时，靠近秦国的韩国、魏国相继灭亡，其余山东六国中的赵、燕、齐、楚，在连年不断的战争中，被秦国日削月割，早已奄奄待毙。安陵在它的宗主国魏国灭亡之后，一度还保持着独立的地位。秦王一贯会使出小诱饵钓大鱼的伎俩骗取利益，这次又故技重施，想用“易地”的借口趁机吞并安陵。在这种情况下，安陵君派唐雎出使秦国，坚决与虎狼之秦斗争，因此，才有此篇唐雎与秦王针锋相对的实录。《唐雎不辱使命》是《战国策·魏策四》中的一篇史传文，后收录于《古文观止》。这篇文章写唐雎奉安陵君之命出使秦国，与秦王展开面对面的激烈斗争，终于折服秦王，使国家保留了下来、完成了使命，歌颂了唐雎不畏强暴、敢于斗争的爱国精神，揭露了秦王骄横欺诈的本质。文章内容精彩、情节完整、引人入胜；人物形象生动，秦王的色厉内荏、前倨后恭，唐雎的不畏强暴、英勇沉着，都写得栩栩如生。

思考寄语

唐雎作为一介使者，出使强国却不惧，面对秦王也不退缩，态度始终不卑不亢，用沉着冷静的姿态去面对强国的打压与胁迫，最终凭借自己的勇敢与才智解决了国家的燃眉之急，保全了国家的名声。唐雎的表现是一个相当成功且智慧的外交典范，体现出了一国风范。希望同学们在对外解决问题时，也能够坚守底线、冷静对待，最终用智慧化解危机。

2 礼贤下士魏文侯

诵读主体

魏文侯以卜子夏、田子方为师。每过段干木之庐必式。四方贤士多归之。

使乐羊伐中山，克之；以封其子击。文侯问于群臣曰："我何如主？"皆曰："仁君。"任座曰："君得中山，不以封君之弟而以封君之子，何谓仁君！"文侯怒，任座趋出。次问翟璜，对曰："仁君。"文侯曰："何以知之？"对曰："臣闻君仁则臣直。向者任座之言直，臣是以知之。"文侯悦，使翟璜召任座而反之，亲下堂迎之，以为上客。

文侯与田子方饮，文侯曰："钟声不比乎？左高。"田子方笑。文侯曰："何笑？"子方曰："臣闻之，君明乐官，不明乐音。今君审于音，臣恐其聋于官也。"文侯曰："善。"

子击出，遭田子方于道，下车伏谒。子方不为礼。子击怒，谓子方曰："富贵者骄人乎？贫贱者骄人乎？"子方曰："亦贫贱者骄人耳，富贵者安敢骄人！国君而骄人则失其国，大夫而骄人则失其家。失其国者未闻有以国待之者也，失其家者未闻有以家待之者也。夫士贫贱者，言不用，行不合，则纳履而去耳，安往而不得贫贱哉！"子击乃谢之。

知人论世

司马光（1019—1086），字君实，号迂叟，汉族，陕州夏县（今山西夏县）涑水乡人，世称涑水先生。北宋政治家、史学家、文学家。历仕宋仁宗、宋英宗、宋神宗、宋哲宗四朝，卒后追赠太师、温国公，谥文正，为人温良谦恭、刚正不阿；做事用功刻苦、勤奋，以"日力不足，继之以夜"自诩，其堪称儒学教化下的典范，受人景仰。

本文节选自《资治通鉴·周纪》。《资治通鉴》自成书以来，历代帝王将相、文人骚客、各界要人争读不止。点评批注《资治通鉴》的帝王、贤臣、鸿儒及现代的政治家、思想家、学者不胜枚举。除《史记》外，几乎没有一部史著可以与《资治通鉴》媲美，用清人王鸣盛的一句话来概括："此天地间必不可无之书，亦学者必不可不读之书也。"

阅读鉴赏

本文写魏文侯礼贤下士的种种态度和技巧，既体现出魏文侯尊重人才、信任人才的谦逊态度，也揭示出一国国运系于人才的远见卓识。魏文侯身为一国之君，为人不倨不傲，能够听得进贤士进言，这是很可贵的品质。对待人才需要掌握技巧，既要显示出对待人才的态度，又要能够让更多的人看到魏国重用人才的程度。例如本文开头提到的卜子夏，身出名师而且非常有才学，他一开始并没有投奔魏文侯，是魏文侯专门找到卜子夏，请他到魏国设馆教书；除此之外，魏文侯还特地拜卜子夏为师。魏文侯这样做是想让卜子夏为魏国培养更多的人才。

魏文侯对待人才的做法使魏国顺应时代潮流，魏国也因此变得强大。当时正处于社会大变革时期，在魏文侯的带领下，魏国得到了很多适应新时代发展的人才，这使得魏国在诸国之中更快适应了大变革的局面，成为第一批通过变法迅速强大的国家。

思考寄语

魏文侯是战国时期魏国的开国君主，也是魏国百年霸业的开创者，这和他为人处世方面的深谋远虑息息相关，后世的史学家也时常借用他的事迹来告诫当时的当权者。本文节选自司马光的《资治通鉴·周纪》，此书被宋神宗赞赏为"鉴于往事，有资于治道"。你认为魏文侯礼贤下士的事迹在哪些方面值得人们在"治道"方面借鉴呢？

3 话说谦让

诵读主体

谦让仿佛是一种美德，若想在眼前的实际生活里寻一个具体的例证，却也不容易。类似谦让的事情近来似乎很难得发生一次。就我个人的经验说，在一般宴会里，客人入席之际，我们最容易看见类似谦让的事情。

一群客人挤在客厅里，谁也不肯先坐，谁也不肯坐首座，好像“常常登上座，渐渐入祠堂”的道理是人人所不能忘的。于是你推我让，人声鼎沸。辈分小的、官职低的，垂着手远远地立在屋角，听候调遣。自以为有占首座或次座资格的人，无不攘臂而前，拉拉扯扯，不肯放过他们表现谦让的美德的机会。有的说：“我们叙齿，你年长！”有的说：“我常来，你是稀客！”有的说：“今天非你上座不可！”事实固然是为让座，但是当时的声浪和唾沫星子却都表示像在争座。主人摆一张笑脸，偶然插一两句嘴，作鹭鸶笑。这场纷扰，要直到大家的兴致均已低落，该说的话差不多都已说完，然后急转直下，突然平息，本就该坐上座的人便去就了上座，并无苦恼之相，而往往是显得踌躇满志、顾盼自雄。

每次遇到这样谦让的场合，我便首先想起《聊斋》里的一个故事：一伙人在热烈地让座，有一位扯着另一位的袖子，硬往上拉，被拉的人硬往后躲，双方势均力敌，突然间拉着袖子的手一松，被拉的那只胳臂猛然向后一缩，胳臂肘尖正撞在后面站着的一位驼背朋友的两只特别凸出的大门牙上，咔嚓一声，双牙落地！我每忆起这个乐极生悲的故事，为明哲保身起见，在让座时我总躲得远远的。等风波过后，剩下的位置是我的，首座也可以，坐上去并不头晕；末座亦无妨，我也并不因此少吃一口。我不谦让。

考让座之风之所以如此盛行，其故有二。第一，让来让去，每人总有一个位置，所以一面谦让，一面稳有把握。假如主人宣布，位置只有十二个，客人却有十四位，那便没有让座之事了。第二，所让者是个虚荣，本来无关宏旨，凡是半径都是一般长，所以坐在任何位置（假如是圆桌）都可以享受同样的利益。假如明文规定，凡坐过首席若干次者，在铨叙上特别有利，我想让座的事情也就少了。我从不曾看见，在长途汽车车站售票的地方，如果没有木制的长栅栏，而还能够保留一点谦让之风！因此我发现了一般人处世的一条道理，那便是：无需让的时候，则无妨谦让一番，于人无利，于己无损；在该让的时候，则不谦让，以免损己；在应该不让的时候，则必定谦让，于己有利，于人无损。

小时候读到孔融让梨的故事，觉得实在难能可贵，自愧弗如。有人猜想，孔融那几天也许肚皮不好，怕吃生冷，乐得谦让一番，我不敢这样妄加揣测。不过我们要承认，利之所在，可以使人忘形，谦让不是一件容易的事。

谦让作为一种仪式，并不是坏事，像天主教会选任主教时所举行的仪式就蛮有趣。就职的主教照例地当众谦逊三回，口说“nolo episcopari”，意即“我不要当主教”，然后照例地敦促三回，终于勉为其难了。我觉得这样的仪式比宣誓就职之后再打通电声明固辞不获要好得多。谦让的仪式行久了之后，也许对于人心有潜移默化之功，使人在争权夺利、奋不顾身之际，不知不觉地也举行起谦让的仪式。可惜我们人类的文明史尚短，潜移默化尚未能奏大效，露出原始人的面目的时候要比雍雍穆穆地举行谦让仪式的时候多些。

知人论世

梁实秋（1903—1987），原名梁治华，字实秋，笔名子佳、秋郎、程淑等，浙江杭县（今浙江杭州）人，出生于北京。中国现当代散文家、文学批评家、翻译家，国内第一个研究莎士比亚的权威。他一生给中国文坛留下了两千多万字的著作，代表作《莎士比亚全集》（译作）等。

阅读鉴赏

在现代散文发展的历程中，有一部分作家的文风以幽默诙谐著称，梁实秋就是这样的一位作家。他常常独具慧眼地扣住一些具体的场景，抽丝剥茧、剖析入微，尤其致力于刻画一些微妙而复杂的人性和心态。《话说谦让》就是这方面的一篇代表作。

在赴宴时你推我让、谁也不肯坐首席和上座，这种情形或许我们都已司空见惯，但一经梁实秋点出那些像煞有介事、实则虚情假意的话语：“我们叙齿，你年长！”“我常来，你是稀客！”就不禁哑然失笑，让人觉得颇为滑稽的同时，也多了一层讽刺意味。如果到此为止，作者只不过描绘了一幅活灵活现的讽刺漫画，那些在入宴前谦让的人们形态动作虽已跃然纸上，但其幽微的内心活动仍有待揭示；本文的可贵之处在于它趁热打铁，剖析了“让座”之风盛行的两大原因：一是“让来让去，每人总有一个位置”；二是“所让者是个虚荣，本来无关宏旨”。这使得本文围绕“让座”的讨论触及了问题实质。随后，作者还围绕“让”字对一种处世准则做了深刻的概括：无需让的时候无妨谦让，该让的时候则不谦让，应该不让的时候则必定谦让。为什么会出现这种种不同情况呢？作者点明这是私心在作怪。到这里，本文的主旨洞幽烛隐、针砭时弊，其所见所思已经远不限于赴宴了。

读《话说谦让》，人人都会为它生动的语言、风趣的描述而发笑，但笑过之后，又觉得文章骨子里相当严肃，有着“内庄外谐”的审美情趣。

思考寄语

《话说谦让》在幽默中讽刺了生活里赴宴进餐这个貌似“谦让”的例子，让我们认识到社会上许多乱象都源于自私与虚荣的人性，而真正的谦逊品德则难能可贵。本文中提到了“孔融让梨”的故事，有人却用“孔融也许怕吃生冷，所以乐得谦让一番”来揣测，令人啼笑皆非。你还能想到生活中有什么类似的例子吗？

4 丰子恺教子知礼仪

诵读主体

丰子恺是中国现代著名画家、教育家、翻译家和散文家。同时，他创作了大量儿童漫画和儿童题材的文学作品。

丰子恺特别喜欢孩子、热爱孩子，甚至到了“崇拜孩子”的地步。在“小燕子似的一群儿女”面前，他是一位善良温厚的父亲。他从不要求孩子做什么，任由他们根据兴趣自由发展。

但就是这样一位父亲，却并不娇纵孩子。丰子恺曾说过：“孩子的心灵是最纯洁的，他们是身心全部公开的人，好的教育和坏的教育都很容易接受。父亲是孩子的第一任老师，因此父亲对孩子的影响是至关重要的。”在生活中，丰子恺时时处处注意自己的一言一行对孩子的影响，努力使他们健康成长。

丰子恺经常给孩子们讲，对人一定要有礼貌。他解释说，“礼仪”就是待人接物的具体礼节和仪式。在这些礼数上，他自己固然做得周到细致，孩子们也一样不能马虎。

丰子恺是名人，家里常有客人来访。每逢家里有客人来，丰子恺总是耐心地对孩子们说：“客人来了要热情招待，要主动给客人倒茶、添饭，而且一定要双手奉上，不能用一只手。”为了让孩子们好理解，他还风趣地打比方：“如果用一只手给客人端茶、送饭，就好像是皇上给臣子赏赐，或是像对乞丐布施，又好像是父母给小孩子喝水、吃饭。这是非常不恭敬的。”他还说：“要是客人送你们什么礼物，可以收下，但你们接的时候要躬身双手去接。躬身，表示谢意；双手，表示敬意。”这些细致入微的教导都深深地印在了孩子们的心里。

有一次，丰子恺在一家餐馆宴请一位远道而来的朋友，把几个十多岁的孩子也带去作陪。孩子们吃饭时还算有礼貌，守规矩。可是吃完以后，他们之中就有人嘟囔着想先回家。丰子恺听到了也不大声制止，只是悄悄地告诉他们不能急着回家。事后，丰子恺对孩子们说："我们家请客，我们全家人都是主人，你们几个小孩子也是主人。主人比客人先走，那是对客人不尊敬，就好像嫌人家客人吃得多。这很不好。"孩子们听了，都很懂事地点头。

在丰子恺的言传身教下，他的孩子个个懂规矩、讲礼貌。七个子女成人后无不表现出良好的修养，令人赞叹。

知人论世

丰子恺（1898—1975），原名丰润，又名仁、仍，号子觊，后改为子恺，堂号缘缘堂，笔名"TK"（FONG TSE KA），法号婴行。中国现代书画家、漫画家、文学家、散文家、翻译家，被誉为"现代中国最艺术的艺术家""中国现代漫画鼻祖"。

丰子恺绘画师从李叔同，国文求教夏丏尊。1917年，与同学组织桐荫画会，并加入研究金石篆刻的东石社。1921年，入东京川端洋画学校学习油画。1922年回国后，到浙江上虞春晖中学教授图画和音乐。中华人民共和国成立后，丰子恺历任上海市人大代表、全国政协委员、中国美术家协会上海分会主席、上海文联副主席、上海中国画院院长等职。

丰子恺在漫画、书法、翻译等各方面均有突出成就，先后出版了160多部书法和画集、散文著作、美术理论和音乐理论著作等。他的画作多以儿童为题材，幽默风趣，反映社会现象，漫画以"曲高和众"的艺术主张和"小中能见大，弦外有余音"的艺术特色备受世人青睐。

阅读鉴赏

丰子恺是我国著名书画家、散文家、漫画家、书法家和翻译家，他对子女的爱与教育，从他的诸多作品中可见一斑。

先来看看丰子恺的家训：正直为人，认真做事，宽厚待人。

正直为人，是丰子恺教育孩子时极为强调的重点。"先器识，后文艺"，丰子恺教导子女要先学做人，之后方可谈学问、谈艺术。为人要正直、坦率，绝不可弄虚作假、投机取巧。

丰子恺经常教导子女和后辈两句话，第一句是："一个人能来到这个世界是极其偶然的。"所以要珍惜生命，也就是珍惜时间。第二句是："人来到这个世界不仅仅是为了吃饭。”因此，要努力多做点有意义的事。怎么来珍惜时间，多做有意义的事呢？那就只有“认真”两字。

丰子恺待人宽厚、温和，凡亲近、接触过他的人都深有感触。他对子女和学生有时也很严厉，但这种严厉是出于深爱和责任，对朋友、同事宽厚，对工人和保姆同样宽厚，待若家人。他的言传身教深深影响了他的七个子女。

良好的家风对于孩子的成长有着极大的促进作用，丰子恺不仅在言语上温和地教导孩子，还在日常生活中身体力行，用自己的实际行动启发、熏陶孩子，这才使得礼仪教养非常奏效。

思考寄语

良好的家风需要传承，丰子恺作为名人大家，从不放松对孩子的礼仪养成教育。他不仅教礼仪，更用实际行动影响孩子，起到了“家风如春雨，润物细无声”的效果。愿大家也能从小事做起，重视礼仪规范，成为谦恭有礼的人。

5 鲁学士祝寿

诵读主体

赵司城，号类庵，京师人。一日过鲁学士铎邸。鲁曰：“公何之？”赵曰：“忆今日为西涯先生诞辰，将往寿也。”鲁问：“公何以为贽？”赵曰：“帕二方。”鲁曰：“吾贽亦应如之。”入启笥，无有，踌躇良久，忆里中曾馈有枯鱼，令家人取之。家人报已食，仅存其半。鲁公度家无他物，即以其半与赵俱往称祝。西涯烹鱼沽酒，以饮二公，欢甚，即事倡和而罢。

古以束脩为礼之至薄，若枯鱼而止半，太不成文矣！子犹曰：“西涯公亦不全靠鲁学士祝仪。”

知人论世

冯梦龙（1574—1646），字犹龙、耳犹、子犹，号龙子犹、茂苑外史、顾曲散人、姑苏词奴、平平阁主人、墨憨斋主人等。南直隶苏州府长洲县（今江苏苏州）人。明代文学家、思想家、戏曲家。出身士大夫家庭，与兄冯梦桂、弟冯梦熊并称“吴下三冯”。冯梦龙以其对小说、戏曲、民歌、笑话等通俗文学的创作、搜集、整理、编辑，为中国文学做出了独异的贡献。

《古今谭概》又名《古今笑史》《古今笑》《谈概》，是由冯梦龙编写的笔记小说，其内容大多是历代的典故，如著名的“州官放火”。本书是一部笑话集，也是一部幽默小品集，共分36部。作者从历代正史及野史笔记中搜集了大量可笑和有趣的故事，揭露了社会丑恶现象及各种怪态、病态，既可使读者消遣自娱，也可以益智自警，是一部很具启发意义的读物。

阅读鉴赏

本文出自冯梦龙的《古今谭概》“贫俭部”第十三，是一篇关于祝寿的小故事。鲁学士和赵思城要去西涯先生家里为他祝寿，西涯先生也就是李东阳，他是当朝重臣，也是一位有名的文学家、书法家，按理来说为这样的人祝寿，礼物肯定马虎不得。然而，赵思城只准备了两条手帕，鲁学士则带了家里做饭剩下的半条干鱼，连作者都哑然失笑：“古代用一束干肉作为见面礼已经算是微薄了，要是连干鱼都只有半条，那可太不像话了！”但西涯先生却毫不在意，三人把酒言欢、尽兴而归。可见，他们都是不拘小节、随性率真、看重友谊的人。对于赵思城和鲁学士来说，他们没有因为西涯先生身居高位就曲意逢迎，特意备上超出自己能力的贵重礼物；对于西涯先生来说，没有什么比朋友真心实意来祝寿、共饮三杯更值得高兴的事了。而且西涯先生的这番高兴不是作假，他立马就用鲁学士带来的半条干鱼烹饪成下酒菜来招待朋友，可见他们彼此坦诚相待。

思考寄语

祝寿是一种表达美好祝愿的活动，一般指晚辈对长辈或亲友之间的敬重之举，原本是一项温暖的、充满人情味的自发活动。读完了本文，反观今日，如果前去祝寿的人为了准备礼物而绞尽脑汁，甚至形成了攀比之风，那么祝寿之礼也就渐渐变味了。希望同学们在今后的人际交往中，也能够找到“重感情而轻物质”的真朋友，真切感受到人与人之间最纯真的祝福与情感互动。

6 谕纪泽纪鸿（节选）

诵读主体

字谕纪泽、纪鸿儿：

目下值局势万紧之际，四面梗塞，接济已断，加此一挫，军心尤大震动。所盼望者，左军能破景德镇、乐平之贼，鲍军能从湖口迅速来援，事或略有转机，否则不堪设想矣。

余自从军以来，即怀见危授命之志。丁、戊年在家抱病，常恐溘逝牖下，渝我初志，失信于世。起复再出，意尤坚定，此次若遂不测，毫无牵恋。自念贫窭无知，官至一品，寿逾五十，薄有浮名，兼秉兵权，忝窃万分，夫复何憾！惟古文与诗，二者用力颇深，探索颇苦，而未能介然用之，独辟康庄。古文尤确有依据，若遽先朝露，则寸心所得，遂成广陵之散。作字用功最浅，而近年亦略有入处。三者一无所成，不无耿耿。

至行军本非余所长，兵贵奇而余太平，兵贵诈而金太直。岂能办此滔天之贼？即前此屡有克捷，已为侥幸，出于非望矣。尔等长大之后，切不可涉历兵间，此事难于见功，易于遣孽，尤易于贻万世口实。余久处行间，日日如坐针毡，所差不负吾心，不负所学者，未尝须臾忘爱民之意耳。近来阅历愈多，深谙督师之苦。尔曹惟当一意读书，不可从军，亦不必作官。

吾教子弟不离八本、三致祥。八者曰：读古书以训诂为本，作诗文以声调为本，养亲以得欢心为本，养生以少恼怒为本，立身以不妄语为本，治家以不晏起为本，居官以不要钱为本，行军以不扰民为本。三者曰：孝致祥，勤致祥，恕致祥。吾父竹亭公之教人，则专重孝字。其少壮敬亲，暮年爱亲，出于至诚。故吾纂墓志，仅叙一事。

处兹乱世，银钱愈少，则愈可免祸；用度愈省，则愈可养福。尔兄弟奉母，除劳字俭字之外，别无安身之法。吾当军事极危，辄将此二字叮嘱一遍，此外亦别无遗训之语，尔可禀告诸叔及尔母无忘。

咸丰十一年三月十三日

知人论世

详见本册《勤俭成大业》的“知人论世”部分。

阅读鉴赏

本文节选自曾国藩的一封家书，信中反思了曾国藩自己的人生经历，并希望孩子们能够以此为戒，记住种种做人、为学、识事的道理。本文先是说作者自己自从投身军旅就抱着一种临危受命的志向，自己现在官至一品，既有一些名声还手握兵权，已经是十分惶恐，没有遗憾了；但自己在古文、诗歌与书法三个方面，虽然下了很深的功夫，却并没有留下令人满意的成果，所以才发出了“三者一无所成，不无耿耿”的感慨。曾国藩用自己从军时的艰难经历，真切地告诫孩子一心读书是件幸事，让人倍感为人父者对子女的殷切之情与坦诚之心。

曾国藩既是晚清时的重臣名将，也是著名文士和思想家，他的文辞精练典雅，意深而理切，从他在家书中总结的“八本”“三致祥”就可见一斑。他教育自己的孩子，在乱世之中除了“劳”和“俭”二字外没有其他安身立命的办法；其谆谆教诲即使在如今看来，也是内涵极为丰富的。

思考寄语

曾国藩一生除统军理政外，也不辍文事，注重修身、齐家，从他的思想中可以得到许多关于中华传统美德的体会，如对好学、勤劳、孝顺、宽厚等美德的重视；而且，曾国藩在写给孩子的信中真诚地反思自己，希望自己能成为孩子的表率，这种对自我的反思也是很可贵的品质。曾国藩的“八本”“三致祥”提到了四类人：读书的人，当官的人，带兵的人，务农的人；不同的职责有不同的生存智慧，包括勤劳、廉洁、诚实、爱民、睦邻、宽厚等方面，对于今天的人们也很有启发。

7 寒门多出贤

诵读主体

最近，有位中国学子登上哈佛大学演讲台，从自己中学时代被毒蜘蛛咬伤的“农村故事”，推及“改变科技知识分布不均”这一主题，他的英文演讲视频在网络上热播。由此而成为“网红”的他，出生在一个小村落里，父母均为农民，更引起人们关注。窃以为，这倒是一件寻常人家的正常事，它告诉人们一个寻常道理：寒门多出贤。

千百年来，在古老的中国，不乏这样的故事。2500多年前，孔子的三千弟子中，“贤人”有72人。这72人中，出身寒门的不在少数。比如，被孔子称为“一箪食，一瓢饮，在陋巷，人不堪其忧”的颜回，不仅位居72贤之首，而且被后世尊奉为“复圣”；被庄子言为“三日不举火，十年不制衣”的曾参，由于缺食，浑身浮肿，由于劳动，双手老茧，且面带病色，却被后世尊奉为“宗圣”。

即便是孔子，也正如他后来所坦言：“吾少也贱，故多能鄙事。”由于“多能鄙事”，甚至还有点“穷人的孩子早当家”的意味。

生活，同样会成为人们的老师。俗语言：“不经冬寒，不知春暖。”正因为出身“寒门”，所以更知“寒”的不爽，也更向往“暖”的开心。古语云：“同病相怜，同忧相救。”正因为自己被“寒”过，因而一旦有条件，也更愿意伸出温暖之手，拉身处“寒门”的人脱“寒”。而这，正是“贤”之思、“贤”之举。遥想当年，孔子正因为“贱”而从事各种“鄙事”，所以使得孔子在日后思考社会问题时，更能体会到劳动民众从事“鄙事”的艰辛与重要，更能考虑到劳动民众身处“贱”位的状况与情感，从而自心底发出了“为政以德”“仁者爱人”“己欲立而立人，己欲达而达人”“己所不欲，勿施于人”等千年至论。

寒门多出贤，并非说，只要是出身“寒门”，就可自然而然地为“贤”了。贤，不仅要有“德”：能替别人着想，勇为天下谋利；而且要有“才”：有本事，能成事。这，就离不开学习。有言道：“人不吃饭，饥；人不学习，愚。”生活就是这样，唯有好学，才近智，唯有知学，才给力。只有努力用知识武装自己，不断增进自己的道德修为，才能离“贤”更近一步。

寒门多出贤，意味着多付出。“不吃苦中苦，难得甜上甜。”习近平总书记在与北京大学师生座谈时，勉励同学们要在勤学、修德、明辨、笃实上下功夫，下得苦功夫、求得真学问，加强道德修养、注重道德实践，善于明辨是非、善于决断选择，扎扎实实干事、踏踏实实做人，立志报效祖国、服务人民，于实处用力，从知行合一上下功夫。成功、成名，永远不是用巧嘴吹出来的，而是用心血写出来的。有了比常人更多的付出、更过人的求知欲、更开阔的思维、更远大的志向，无论出身多么艰苦，都将成就一番不凡的事业。

知人论世

本文中的中国学子名为何江，哈佛大学生物系博士生，同时他也是一名在农村长大、上大学才第一次进城的中国小伙儿。何江曾经获得中国科学技术大学本科生最高荣誉奖——郭沫若奖学金，并作为获奖代表发言。2016年5月26日，他作为优秀毕业生代表在哈佛大学毕业典礼上发言。在接受采访时，他说道：“现在乡村逐渐流行读书无用论，认为寒门很难再出贵子。这样的观点让我觉得挺无奈的。”“教育能够改变一个人的生活轨迹，能够把一个人从一个世界带到另一个不同的世界。我希望我的成长经历，能给那些还在路上的农村学生一点鼓励，让他们看到坚持的希望。”

阅读鉴赏

寒门多出贤，是一句古训。什么是贤（賢）？这个字形从“贝”，从“臤”（xián）。“臤”本义为“驾驭臣属”，引申为“牢牢掌握”。在上古时期，人类曾经用贝壳做货币，所以“贝”指钱币、财富。“臤”与“贝”联合起来就变成了“贤”字，本义是指能掌握财富、量入为出的人，之后引申出“有才能”的含义。我们常说的成语如“选贤举能”“任人唯贤”中的“贤”都用了能力、品行的含义。

本文中提到，“寒门多出贤”并非是说，只要出身寒门就自然而然地成为贤能之人；而是指贤能之人的品质往往是经过踏实而刻苦的历练、用心血淬炼出来的。这样看来，“寒门子弟”正是因为出在了“寒门”，才能通过比常人更为艰苦卓绝的努力，让自己内心有抱负、能力有成长。

思考寄语

在今天这个时代，随着国家的强盛，我们的物质生活已经日渐丰富，大部分家庭都不再为衣食而担忧，因此很少有古人意义上的“寒门”。但是，正因如此，我们更加不能耽于享乐，从而放弃磨炼自己。身为青年，我们的人生抱负是什么？应当为什么而奋斗、如何奋斗？未来的“贤人”们，不妨一起认真思索一下。

8 答韦中立论师道书

诵读主体

二十一日，宗元白：

辱书云，欲相师。仆道不笃，业甚浅近，环顾其中，未见可师者。虽常好言论，为文章，甚不自是也。不意吾子自京师来蛮夷间，乃幸见取。仆自卜固无取，假令有取，亦不敢为人师。为众人师且不敢，况敢为吾子师乎？

孟子称“人之患在好为人师”。由魏、晋氏以下，人益不事师。今之世，不闻有师；有辄哗笑之，以为狂人。独韩愈奋不顾流俗，犯笑侮，收召后学，作《师说》，因抗颜而为师。世果群怪聚骂，指目牵引，而增与为言辞。愈以是得狂名。居长安，炊不暇熟，又挈挈而东。如是者数矣。

屈子赋曰：“邑犬群吠，吠所怪也。”仆往闻庸、蜀之南，恒雨少日，日出则犬吠，余以为过言。前六七年，仆来南。二年冬，幸大雪逾岭，被南越中数州。数州之犬，皆苍黄吠噬，狂走者累日，至无雪乃已，然后始信前所闻者。今韩愈既自以为蜀之日，而吾子又欲使吾为越之雪，不以病乎？非独见病，亦以病吾子。然雪与日岂有过哉？顾吠者犬耳！度今天下不吠者几人，而谁敢炫怪于群目，以召闹取怒乎？

仆自谪过以来，益少志虑。居南中九年，增脚气病，渐不喜闹。岂可使呶呶者，早暮咈吾耳、骚吾心？则固僵仆烦愦，愈不可过矣。平居望外遭齿舌不少，独欠为人师耳。

抑又闻之，古者重冠礼，将以责成人之道，是圣人所尤用心者也。数百年来，人不复行。近有孙昌胤者，独发愤行之。既成礼，明日造朝，至外庭，荐笏，言于卿士曰：“某子冠毕。”应之者咸怃然。京兆尹郑叔则怫然，曳笏却立，曰：“何预我耶？”廷中皆大笑。天下不以非郑尹而快孙子，何哉？独为所不为也。今之命师者，大类此。

吾子行厚而辞深，凡所作，皆恢恢然有古人形貌。虽仆敢为师，亦何所增加也。假而以仆年先吾子，闻道著书之日不后，诚欲往来言所闻，则仆固愿悉陈中所得者。吾子苟自择之，取某事、去某事，则可矣；若定是非以教吾子，仆才不足，而又畏前所陈者，其为不敢也决矣。吾子前所欲见吾文，既悉以陈之，非以耀明于子，聊欲以观子气色诚好恶何如也。今书来，言者皆大过。吾子诚非佞誉诬谀之徒，直见爱甚故然耳！

始吾幼且少，为文章以辞为工。及长，乃知文者以明道，是固不苟为炳炳烺烺、务采色、夸声音而以为能也。凡吾所陈，皆自谓近道，而不知道之果近乎，远乎？吾子好道而可吾文，或者其于道不远矣。

故吾每为文章，未尝敢以轻心掉之，惧其剽而不留也；未尝敢以怠心易之，惧其弛而不严也；未尝敢以昏气出之，惧其昧没而杂也；未尝敢以矜气作之，惧其偃蹇而骄也。抑之欲其奥，扬之欲其明，疏之欲其通，廉之欲其节，激而发之欲其清，固而存之欲其重：此吾所以羽翼夫道也。

本之《书》以求其质，本之《诗》以求其恒，本之《礼》以求其宜，本之《春秋》以求其断，本之《易》以求其动：此吾所以取道之原也。

参之《谷梁氏》以厉其气，参之《孟》《荀》以畅其支，参之《庄》《老》以肆其端，参之《国语》以博其趣，参之《离骚》以致其幽，参之《太史公》以著其洁：此吾所以旁推交通而以为之文也。

凡若此者，果是耶，非耶？有取乎，抑其无取乎？吾子幸观焉，择焉，有余以告焉。苟亟来以广是道，子不有得焉，则我得矣，又何以师云尔哉？取其实而去其名，无招越、蜀吠而为外廷所笑，则幸矣。宗元复，白。

知人论世

柳宗元（773—819），字子厚，河东（今山西运城）人，唐代诗人、儒学家、政治家，唐宋八大家之一。作品有《永州八记》等600多篇，经后人辑为30卷，名为《柳河东集》。因为他是河东人，人称“柳河东”，又因终于柳州刺史任上，又称“柳柳州”。柳宗元与韩愈同为中唐古文运动的领导人物，并称“韩柳”。在中国文化史上，其诗、文成就均极为杰出，可谓一时难分轩轾。

柳宗元谪居永州时，中唐古文运动正在蓬勃开展，他以卓越的创作实践和丰富的理论建树为运动的发展做出了巨大贡献，从而成为这一运动的实际领导者之一。元和八年（813），韦中立写信向柳宗元求教文论之道，他就写了这封著名的论文书。

阅读鉴赏

本文全篇围绕“取其实而去其名”的中心论点，分为两大部分展开论述：前半论师道，后半论创作。

柳宗元在这封信中，论述了对师道的看法，反复强调“不敢为人师”；他一方面赞扬韩愈“奋不顾流俗”“抗颜而为师”的精神，另一方面主张“取其实而去其名”，也就是说不必讲求为师之名，应该注意为师之实，师生可以互相学习，取长补短。此外，柳宗元还总结了自己的写作经验，在信中系统地提出了关于散文写作的主张，重点阐发了“文以明道”的观点，也论述了关于写作的态度、技巧以及总结前人经验、吸取各家特长等问题，并把写作和作者的品德修养联系在一起，这种见解在当时是难能可贵的。

柳宗元是唐代古文运动的倡导者和实践者。这封信在写作上，体现了柳文说理之作以谨严取胜、批判时政尖锐有力的特点。他为了开展古文运动，需要培育出一批新生力量，因此提倡师道。虽然他反复申说自己“不敢为人师”，唯恐“炫怪于群目”“召闹取怒”，但他不仅在散文的创作上为古文运动做出了巨大的贡献，也确实培养了一批新的作者，造就了一辈人才。

思考寄语

韩愈在《师说》一文中批判了当时社会上“耻学于师”的陋习，表明为人治世不应该因为地位贵贱或年龄差别就不肯虚心学习。柳宗元在本文中同样申明求师重道是自古已然的做法，强调从师而学的重要性，但本文和《师说》的侧重点不尽相同，可以一起阅读来比较两篇文章的异同。

9 修 养

诵读主体

行远，必先修其近；登高，必先修其低。近不修，无以行远路；低不修，无以登高山。

苏轼有言："匹夫见辱，拔剑而起，挺身而斗，此不足为勇也。天下有大勇者，猝然临之而不惊，无故加之而不怒。"

是的，以修养对待修养，还不是真正的修养，以修养对待无修养才是真正的修养。

修养，必得历事。

不历事的修养，当事情发生的时候，人或许能够保持外表上的平静，却无法保持内心的平静。历过事的修养，当事情发生的时候，人则可以保持内心的平静，外表自然也是平静的了。

在生活中，从未遭人毁谤的人恐怕并不太多。而对毁谤如何办呢？清人申涵光在《荆园进语》中所言："何以止谤，曰无辩，辩愈力，则谤者愈巧。"或许能够给予我们某种启示。

修养，不是说不会发脾气，而是说不会轻易发脾气。不会发脾气的人不一定是有修养的人，动不动就发脾气的人，则是缺乏修养的人。

修养之所以重要，其中一点，是因为良好的修养可以帮助我们减少人际关系中的紧张与摩擦。难道非要把生命耗费在人际摩擦中吗？

一个在人生中欲有所成的人，必得不断加强自身的修养。否则，他不是毁在鲜花中，便是毁在流言中。

据说，雅典哲学家苏格拉底，是总能够让人心服口服的第一人。他总是先提出一个让对方必须说"是"的问题，然后再提出一个让对方仍不能不说"是"的问题，如此继续，当对方领悟到他的用意的时候，原来被自己"否定"

的问题，已被自己“肯定”了。

苏格拉底的询问法，被广为流传和运用，这既表现为一种智慧，也表现为一种耐心。而这样的方法，非有修养者难以为。

知人论世

汪国真（1956—2015），生于北京，祖籍福建厦门，当代诗人、书画家。

汪国真1982年毕业于暨南大学中文系，于1984年发表第一首比较有影响的诗《我微笑着走向生活》。1985年起，将业余时间集中于诗歌创作，其间一首打油诗《学校一天》刊登在《中国青年报》。1990年4月20日，汪国真的第一部诗集《年轻的潮》交稿，5月21日由北京学苑出版社出版。1990年7月4日，其诗集被《新闻出版报》列为当年十大畅销书之一，文艺类独此一本，掀起一股“汪国真热”。30年来，汪国真的诗集一直畅销不衰，形成了独特的“汪国真现象”，可谓中国诗歌界乃至出版界的一个文化奇迹。

阅读鉴赏

古人云：修身、齐家、治国、平天下，修身作为后面三件事的根本，其重要性不言而喻。汪国真的这篇《修养》用一种平易近人的方式解释了“修身”的内涵：品行端正，具有修养。

什么是真正的修养呢？修养不是一味地宽容，也不是永不发怒，而是在对待无须动怒的事情上保持内心的平静，这就要求人在生活中有所历练，开阔眼界，保持冷静与包容，当心境随着成长而变化，人的修养也就自然而然地提高了。

在遇到困难时，情绪化的发泄并不会解决问题，反而有可能使局面恶化；而修养使人能够保持平静的心情，冷静思考就有可能找到解决问题的方法，从而避免更多的人际摩擦。这也是为什么，一个有修养的人在人际交往之中必然也是受欢迎的人。

思考寄语

汪国真认为，以修养对待修养，还不是真正的修养；以修养对待无修养才是真正的修养。一个人如果想有所作为，就必须不断加强自身的修养，正如《岳阳楼记》中“不以物喜，不以己悲”的境界一般。愿大家学会提升自己的修养，成为一个谦恭有礼、宠辱不惊的人。

10 延陵季子将西聘晋

诵读主体

延陵季子将西聘晋，带宝剑以过徐君，徐君观剑，不言而色欲之。延陵季子为有上国之使，未献也，然其心许之矣。致使于晋，顾反，则徐君死于楚，于是脱剑致之嗣君。从者止之曰：“此吴国之宝，非所以赠也。”延陵季子曰：“吾非赠之也。先日吾来，徐君观吾剑，不言而其色欲之。吾为有上国之使，未献也。虽然，吾心许之矣。今死而不进，是欺心也。爱剑伪心，廉者不为也。”遂脱剑致之嗣君。嗣君曰：“先君无命，孤不敢受剑。”于是季子以剑带徐君墓树而去。徐人嘉而歌之曰：“延陵季子兮不忘故，脱千金之剑兮带丘墓。”

知人论世

本文选自《新序·节士卷七》，讲述了出使中的延陵季子季札为允诺已故的徐国国君的心愿而将宝剑挂于坟前树上，表现了季札讲究信义的故事。《新序》

是刘向采集舜禹以至汉代史实，分类编辑而成的一部书，所记史事与《左传》《战国策》《史记》等有出入。

刘向（前77—前6），原名更生，字子政，沛县（今江苏徐州）人。西汉经学家、目录学家、文学家。刘向的散文主要是奏疏和校雠古书的“叙录”，较有名的有《谏营昌陵疏》和《战国策叙录》，其主要特色是叙事简约、理论畅达、舒缓平易。

阅读鉴赏

本文讲述了季子的一个有名事迹“爱剑不伪心”。伪，诈也，意思是欺骗。一般而言，我们心有所想、口有所言、身有所行，这三样有时并不会一致，“心口不一”“言行不一”说的就是我们对自己、对他人有所欺骗的情况，因此我们会称赞言而有信的人，因为这样的人一字千金，说出来就会守承诺。而季子更加高尚，他只是之前在心中答应了徐君，就一定要遵守，不因为对方已经不在人间，或者因为自己爱惜宝剑就去做蒙蔽自己真心的事情。

这个故事是延陵季子诚信无欺的一件小事，也是他贤德的具体写照。李白就曾经化用季子爱剑不伪心的典故写诗：“延陵有宝剑，价重千黄金。观风历上国，暗许故人深。归来挂坟松，万古知其心。”

思考寄语

这则故事多被解读为诚信美德的典范。我们通常所说的诚信，不仅建立在个人的道德自觉上，更需要由全社会的契约精神和相应的规则体系来支撑。而“不欺心”的道德境界需要人们对自己的内心诚信，是纯粹的个人修养，《说苑》卷十六有云：“义士不欺心，廉士不妄取。”延陵季子达到了“不欺心”的境界，因而得到了后人的钦佩敬仰。

11 致诸弟·劝述孝悌之道

诵读主体

澄侯、叔淳、季洪三弟左右：

五月底连接三月初一、四月十八两次所发家信。

四弟之信，具见真性情，有困心衡虑、郁积思通之象。此事断不可求速效，求速效必助长，非徒无益，而又害之。只要日积月累，如愚公之移山，终久必有豁然贯通之候；愈欲速则愈锢蔽矣。

来书往往词不达意，我能深谅其苦。今人都将学字看错了。若细读“贤贤易色”一章，则绝大学问即在家庭日用之间。于孝悌两字上尽一分便是一分学，尽十分便是十分学。今人读书皆为科名起见，于孝悌伦纪之大，反似与书不相关。殊不知书上所载的，作文时所代圣贤说的，无非要明白这个道理。若果事事做得，即笔下说不出何妨！若事事不能做，并有亏于伦纪之大，即文章说得好，亦只算个名教中之罪人。贤弟性情真挚，而短于诗文，何不日日在孝悌两字上用功？《曲礼》《内则》所说的，句句依他做出，务使祖父母、父母、叔父母无一时不安乐，无一时不顺适；下而兄弟妻子皆蔼然有恩，秩然有序，此真大学问也。若诗文不好，此小事，不足计；即好极，亦不值一钱。不知贤弟肯则听此语否？

科名之所以可贵者，谓其足以承堂上之欢也，谓禄仕可以养亲也。今吾已得之矣，即使诸弟不得，亦可以承欢，可以养亲，何必兄弟尽得哉？贤弟若细思此理，但于孝悌上用功，不于诗文上用功，则诗文不期进而自进矣。

凡作字总须得势，务使一笔可以走千里。三弟之字，笔笔无势，是以局促不能远纵。去年曾与九弟说及，想近来已忘之矣。

九弟欲看余白折。余所写折子甚少，故不付。大铜尺已经寻得。付笔回南，目前实无妙便，俟秋间定当付还。

去年所寄牧云信未寄去，但其信前半劝牧云用功，后半劝凌云莫看地，实有道理。九弟可将其信抄一遍仍交与他，但将纺棉花一段删去可也。地仙为人主葬，害人一家，丧良心不少，未有不家败人亡者，不可不力阻凌云也。至于纺棉花之说，如直隶之三河县、灵寿县，无论贫富男妇，人人纺布为生，如我境之耕田为生也。江南之妇人耕田，犹三河之男人纺布也。湖南如浏阳之夏布、祁阳之葛布、宜昌之棉布，皆无论贫富男妇，人人依以为业。此并不足为骇异也。第风俗难以遽变，必至骇人听闻，不如删去一段为妙。书不尽言。

兄国藩手草。

道光二十三年六月初六日

知人论世

曾国藩具有丰富的政治经验和历史知识，熟悉历代掌故，因而在击败太平天国后一方面自裁湘军，一方面把家书刊行问世，借以表明自己忠心为清廷效命，以塞弄臣之口。《曾国藩家书》历久不衰，后经多家取舍整理，形成多种版本。

曾国藩的家书现存1400多篇，从道光二十年（1840）到同治十年（1871），内容包括修身、教子、持家、交友、用人、处世、理财、治学、治军、为政等方面，这些家书真实而又细密，平常而又深入，是一部真实而又生动的生活宝鉴。

曾氏家书行文从容镇定、形式自由，随想而到、挥笔自如，在平淡家常中蕴含真知良言，具有极强的说服力和感召力。尽管曾国藩留传下来的著作太少，但仅一部家书就可以体现他的学识造诣和道德修养。曾国藩作为清代著名的理学家、文学家，对书信格式极为讲究，显示了他恭肃、严谨的作风。

阅读鉴赏

《致诸弟·劝述孝悌之道》选自《曾国藩家书》，作者为我国晚清政治家、战略家曾国藩，该文旨在教育弟子要以孝悌为道，认为孝道和悌道乃是为人处世之根本，是家人和睦、社会和谐的基础。

本文详细阐述了“孝”的内涵，强调了行孝须要做到“知养知教”，即在知晓如何爱护并尊重父母的同时，还需履行家庭和社会义务。在“悌”的部分，作者更加强调了兄弟姐妹之间亲情、友情的重要性，强调了兄弟姐妹应该互相退让、互相帮助，发扬中华优秀传统美德，一起建设美好家庭。本文以浅显易懂的语言，又不失鲜明的道德规范来阐述孝悌的重要性。

通过这篇文章，读者可以更好地领悟孝悌的重要性，进而更好地结合现代的社会背景，发扬中华民族优秀传统美德，建设幸福家庭，共筑和谐社会。

思考寄语

孩子要明白自己的身份，应该尽什么义务、应该行什么礼节，这就是教育。《弟子规》在规范孩子们的行为，培养孩子们有修养、明事理等方面做得很好。《曾国藩家书》中对弟子的教育也是从生活行为入手，着眼于道德培养。在今天，很多孩子习惯了在家中以自我为中心，人人为我，我还为我，他们不懂也不会去敬爱自己的父母。“孝”是“仁”的基础，不懂得敬爱自己的父母，又怎么会爱他人、爱祖国呢？对家庭失去责任感，又如何担负社会责任呢？不“修身”怎能“齐家”，谈何“平天下”？

明理成才，让我们从孝敬父母做起。

12 聊斋志异·义犬（一）

诵读主体

潞安某甲，父陷狱将死。搜括囊蓄，得百金，将诣郡关说。跨骡出，则所养黑犬从之。呵逐使退，既走，则又从之，鞭逐不返，从行数十里。某下骑，趋路侧私焉，既乃以石投犬，犬始奔去。某既行，则犬欻然复来，啮骡尾足。某怒鞭之，犬鸣吠不已，忽跃在前，愤龁骡首，似欲阻其去路。某以为不祥，益怒，回骑驰逐之，视犬已远，乃返辔疾驰。抵郡已暮。及扪腰橐，金亡其半。涔涔汗下，魂魄都失。辗转终夜，顿念犬吠有因。候关出城，细审来途。又自计南北冲衢，行人如蚁，遗金宁有存理？逡巡至下骑所，见犬毙草间，毛汗湿如洗。提耳起视，则封金俨然。感其义，买棺葬之，人以为义犬冢云。

知人论世

蒲松龄（1640—1715），字留仙，一字剑臣，别号柳泉居士，世称聊斋先生，清代杰出的文学家，山东淄川（今山东淄博）人。蒲松龄一生热衷功名，醉心科举，但他除了十九岁时应童子试曾连续考中县、府、道三个第一，补博士弟子员外，以后便屡受挫折，一直郁郁不得志。他一面教书，一面应考了四十年，到七十一岁时才援例出贡，补了个岁贡生，四年后去世。一生的坎坷遭遇使蒲松龄对当时政治的黑暗和科举的弊端有了一定的认识。生活的贫困使他对广大劳动人民的生活和思想有了一定的了解和体会。因此，他以自己的切身感受写了不少著作，现存除《聊斋志异》外，还有《聊斋文集》和《诗集》等。

《聊斋志异》中有两篇名为“义犬”的故事，一只忠人之事，一只舍命报恩，本篇讲述的就是那只忠人之事的忠义之犬。

阅读鉴赏

《聊斋志异·义犬(一)》是作者蒲松龄所著《聊斋志异》中的一篇经典小说。

山西潞安有个人，他的父亲遭人陷害被关进了监狱，为了救父，他搜集家中所有的积蓄，准备到郡府里游说、打通关节。他骑着骡子急匆匆地出了门，这时，他家里养的一只黑狗跟着他，忐忑不安的他连忙呵斥狗，要它回家，但他一走，狗又跟了上来，用鞭子驱逐它也不回去。等他到了郡府才发现银子丢失了，原来狗是在提醒他银子丢了。最后，他发现狗死在了草丛里，那包银子就在狗的身子下面。他很为它的义气所感动，便买口棺材葬了它。人们说这是义犬的坟墓。

小说借此抒发了作者对人性的感悟。虽然黑狗只是一只动物，但它所展现出来的忠诚和信任却超越了很多人与人之间的互动。这些人性中最好的品质，不言而信，深入人心，令人感到这些美好品质仍然需要被不断提倡并对读者的日常生活带来启发。

思考寄语

狗是有灵性的动物，不仅如此，它还忠诚。本文中的某甲为救狱中的父亲，倾尽所有财产，不失为一个孝子。而文中的义犬以它的忠诚打动了读者，狗虽然遭误解，但仍不失忠于主人的本分，沿途寻找主人丢失的银子，竟然累死在草丛中，临死也不忘以身紧护主人的银两，让人感叹唏嘘。犬尚如此，人何以堪？

13 聊斋志异·义犬（二）

诵读主体

周村有贾某，贸易芜湖，获重资。赁舟将归，见堤上有屠人缚犬，倍价赎之，养豢舟上。舟人固积寇也，窥客装，荡舟入莽，操刀欲杀。贾哀赐以全尸，盗乃以毡裹置江中。犬见之，哀嗥投水，口衔裹具，与共浮沉。流荡不知几里，达浅搁乃止。

犬泅出，至有人处，狺狺哀吠。或以为异，从之而往，见毡束水中，引出断其绳。客固未死，始言其情。复哀舟人，载还芜湖，将以伺盗船之归。登舟失犬，心甚悼焉。抵关三四日，估楫如林，而盗船不见。

适有同乡估客将携俱归，忽犬自来，望客大嗥，唤之却走。客下舟趁之。犬奔上一舟，啮人胫股，挞之不解。客近呵之，则所啮即前盗也。衣服与舟皆易，故不得而认之矣。缚而搜之，则裹金犹在。

呜呼！一犬也，而报恩如是。世无心肝者，其亦愧此犬也夫！

知人论世

《聊斋志异》简称《聊斋》，俗名《鬼狐传》，是我国清朝著名小说家蒲松龄创作的文言短篇小说集。《聊斋志异》的意思是在书房里记录奇异的故事，“聊斋”是他的书斋名称，“志”是记述的意思，“异”是指奇异的故事。全书共有491篇短篇小说。它们或者揭露封建统治的黑暗，或者抨击科举制度的腐朽，或者反抗封建礼教的束缚，具有丰富深刻的思想内容。

阅读鉴赏

《聊斋志异·义犬（二）》是蒲松龄所著《聊斋志异》中的一篇奇幻小说，是对《义犬（一）》的续篇，讲述了狗报恩的感人故事。

周村有个姓贾的商人，在芜湖经商，赚了很多钱。他雇了一条船准备回乡的时候，看见河堤上有个屠夫捆住一只狗要杀。这个商人就用高价把狗买了下来，并养在船上。为商人掌舵的船夫，从前是个强盗。他暗中观察到商人有许多钱财，便心生歹意，把船开到了芦苇丛中，并实施谋财害命之举，商人哀求船夫赐自己一个全尸，船夫就将商人手脚捆住，用毡子一裹，扔到了江里。那只狗看到商人被抛入江中，哀嚎着跳下水，用嘴咬住裹捆着商人的毡子，一起在江中沉浮，漂荡到浅滩时，狗浮出水，跑到有人的地方，不停地哀叫，路人救下了商人。在别人的帮助下，商人准备在芜湖码头等强盗船夫的船回去。商人上船后，发现他的狗不见了，心里非常哀痛。到达芜湖码头后，商人寻了三四天，只见船只桅杆如林，就是找不到那只贼船。这时正好有个同乡，打算带着他一块儿回周村。忽然，那条狗自己回来了，朝着商人大声嚎叫。商人忙唤它，它却掉头就走。商人下船去追它，它却奔上另一条船，咬住船上一个人的小腿，任凭怎么打也不松口。商人本打算上前呵斥狗，走近才发现狗咬住的那个人，正是劫财害命的强盗船夫。原来这个强盗把衣服和船都换了，所以商人很难认出来。商人把强盗捆了起来，并在船上搜寻，发现他的钱财都还在。一条狗，尚能够如此报恩，世上那些没有心肝的人，应当惭愧自己还不如一条狗呀！

总的来说，《聊斋志异·义犬（二）》这篇小说是蒲松龄文学艺术创作思想和文学态度的代表作之一，展现了人性的美德，深入描绘了人与动物之间相互关爱、知恩图报的感情，也带给了读者思考和感悟。

思考寄语

一个人自觉自愿地奉献社会、服务他人时，也许他并不要求有所回报，但享受奉献的一方有责任对做出奉献的一方给予回报，这是道德公正和社会公正的必然要求。其实，社会越是积极回报个人的奉献，个人就越乐于奉献社会；个人对社会的奉献越多，社会为个人提供的权利、保障和幸福也就越多。这也正是我们应当学会感恩的道理所在。

14 个人本位与社会本位的伦理观（节选）

诵读主体

人是社会的动物，他是一个人，也是社会一分子，我们的基本问题有两个：第一，离开社会一分子的地位，一个人在人的地位有无道德修养可言呢？第二，一个人在社会一分子的地位所表现的道德修养，是否要根据他在人的地位所表现的道德修养呢？中国传统思想对于这两个问题向来予以很肯定的答复。中国人以为一个人须先自己是一个好人，对社会才会是好人，个人好社会才能好；西方人以为一个人对于社会是好人，才算得是好人，社会好个人就容易好。他们同以人好与社会好为理想，不过着重点不同，我们可以借用物理学的术语说，中国人的伦理观是“离心的”，由内而外的；西方人的伦理观是“向心的”，由外而内的。

这两种看法也可以说不只是中西的分别，而是新旧的分别。很显然地，在西方偏重社会本位的看法到现代更加彰明较著，中国人近来受西方思想的影响，也逐渐倾向社会本位的看法，这也是自然的趋势。文化愈前进，社会组织愈繁复而严密，社会的势力日渐大，个人的力量也就日渐小，在现代情况之下，以个人转移社会较难，以社会转移个人则甚易。我们的问题是：在现代情况之下，假如一个社会坏到不易收拾的地步，有什么原动力可以收拾它，改善它呢？依中国传统的看法，人存则政举，转移风化必赖贤哲，在一个坏的社会中，如果有少数个人敦品励行，标出一个好榜样，使多数人逐渐受感化，造成一个新风气，然后那个社会自然会变好。依一部分西方学者的看法，社会自身本其固有的力量逐渐转变，它所潜藏的弱点就是它向另一方向转变的萌芽，正反相成，新陈代谢，否极自然泰来。比如封建社会到走不通时，自然会转变到近代国家社会；农业社会到走不通时，自然会转变到工业社会；私产社会走不通时，自然会转变到企业公营社会。每个阶段的社会有它的特殊理想和道德观念。照这个看法，社会是能以自力更生的有机体，所谓“自力”就是物质条件，物质条件的大势所趋有如排山倒海，人力（至少是个人的力量）是无可如之何的。

总之，社会转变不出两种方式，或由自变，或由人变。这两种方式也并不必彼此冲突。我们承认社会本身有一个常趋转变的大势，同时，我们也不能否认少数人的努力也往往可以促成、延滞，或移转这个大势。“时势造英雄，英雄亦造时势”，这句老话究竟不错。极端的唯物史观不能使我们满意，就因为它多少是一种定命论，它剥夺了人的意志自由，也就取消了人的道德责任和努力的价值。我们必须承认人力可以改造社会，然后我们遇着环境的困难才不会绝望，而我们的努力也才有意义与价值，我们也才能够说：把这世界安排得较合理想一点，是我们每个人的责任。

知人论世

朱光潜（1897—1986），字孟实，安徽省铜陵市枞阳县人，现当代著名美学家、文艺理论家、翻译家、教育家。主要著作有《悲剧心理学》《文艺心理学》《西方美学史》《谈美》等。此外，他的《谈文学》《谈美书简》等理论读物，深入浅出，内容切实，文笔流畅，对提高青年的写作能力与艺术鉴赏能力颇有启迪，另有《朱光潜全集》。

朱光潜学贯中西，博古通今。他以自己深湛的研究沟通了西方美学和中国传统美学，沟通了旧的唯心主义美学和马克思主义美学，沟通了五四运动以来中国现代美学和当代美学。他是中国美学史上一座横跨古今、沟通中外的“桥梁”，是我国现当代最负盛名并赢得崇高国际声誉的美学大师。

阅读鉴赏

本文节选自朱光潜《谈修养》一书。青年人应该具备怎样的修养，是本书所探讨的内容。要想得到答案，首先需要了解究竟何为修养？古人云：“修犹切磋琢磨，养犹涵育熏陶。”“修”就是“锻炼”，是研究学习问题、增长才干的过程；“涵育熏陶”是指受到一种思想、品行、习惯的长期濡染而趋同化，“育”就是“提高”。本书是作者阐发人生修养途径的著作，是作者在任教职多年后，根据自己对青年、对人情世故的深刻思考和体验，对青年人普遍存在的病征进行的深刻剖析和谆谆引导，以及在此基础上总结出的做人道理。

在本文中，作者对个人本位与社会本位的关系做了深刻的剖析，简而言之就是“群己观”——集体与个人之间的关系。作者在开篇便提出人是社会的动物，他是一个人，也是社会一分子。他认为中国传统的伦理思想偏重个人本位，而西方社会偏重于社会本位，但同时他也承认“说到类型，都不免普泛粗略，中国人也未尝不偶有从社会本位出发，西方人也未尝不偶有从个人本位出发”。显然，在他看来，这是一个复杂的问题，但可以确定的是，中国人或者儒学的思维方式是只有先改变自己，才能改变社会。如何改变自己？作者认为，“先把人的质料变好”，也就是修身养性，成就良好的学问、品格、才力。这符合儒家“修身、齐家、治国、平天下”的思想，修身是将来成为国家栋梁，为国效力，使国家和民族得以良性发展的前提和基础。个人好了，社会才能好；个人修养提高了，社会风气才能好转。

思考寄语

儒家“群己观”有着丰富的内涵，儒家肯定个体的价值，注重修己——“君子之学也，以美其身”（荀子《劝学》）。但是同时，儒家也认为每个人都是社会的一分子，只有在群体中才能生存和发展，个体的价值只有融合在群体的价值中才能体现。如孟子云：“君子之守，修其身而天下平。”《尽心下》其出发点是自我提升、自我完善，最终以群体的完善为目标。再如古代读书人的处事原则“穷则独善其身，达则兼济天下”（《尽心上》），同样体现的是个体价值与社会价值相统一。儒家的群己观在今天也有着重要意义，作为当代青年人，在努力奋斗、满足自我需求、追求人格独立的同时，也应顾全大局，满足社会的需要，真正实现自我价值和社会价值的统一。

15 博学之

诵读主体

博学之，审问之，慎思之，明辨之，笃行之。有弗学，学之弗能，弗措也。有弗问，问之弗知，弗措也。有弗思，思之弗得，弗措也。有弗辨，辨之弗明，弗措也。有弗行，行之弗笃，弗措也。人一能之，己百之；人十能之，己千之。果能此道矣，虽愚必明，虽柔必强。

知人论世

此篇节选自《中庸·第二十章》。《中庸》是儒家经典的“四书”之一。《中庸》原是《礼记》中的一篇。作者为孔子后裔子思，后经秦代学者修改整理。《中庸》是被宋代学人提到突出地位上来的，宋代探索中庸之道的文章不下百篇，北宋程颢、程颐极力尊崇《中庸》，南宋朱熹又作《中庸章句》，并把《中庸》和《大学》《论语》《孟子》并称为“四书”。宋、元以后，《中庸》成为学校官定的教科书和科举考试的必读书，对古代教育产生了极大的影响。中庸，从人性来讲，就是人性的本原、人的智慧本性，用现代文字表述就是“临界点”，这就是难以把握的“中庸之道”。

阅读鉴赏

译文：

广博地学习，谨慎地求问，慎重地思考，明白地分辨，笃诚地践行。要么不学，学了没有学会决不罢休；要么不问，问了没有懂得决不罢休；要么不想，想了没有想通决不罢休；要么不分辨，分辨了没有明确决不罢休；要么不实行，实行了没有成效决不罢休。别人一次能够做到的，自己用一百次也能够做到；别人十次能够做到的，自己用一千次也能够做到。果真能够按此道而行，虽然愚昧一定能够明智，虽然柔弱一定能够强大。

“博学之，审问之，慎思之，明辨之，笃行之。”说的是为学的几个递进阶段。“博学”意谓为学首先要广泛地猎取，培养充沛而旺盛的好奇心，此乃为学的第一阶段。“审问”为第二阶段，有所不明就要追问到底，要对所学加以怀疑。第三阶段，问过以后还要通过自己的思想活动来仔细考察、分析，否则所学不能为自己所用，是为“慎思”。“明辨”为第四阶段，学是越辨越明的，不辨，则所谓“博学”就会鱼龙混杂，真伪难辨，良莠不分。“笃行”是为学的最后阶段，就是既然学有所得，就要努力践履所学，使所学最终有所落实，做到“知行合一”。

思考寄语

唯有博大和宽容，才能兼容并包，使为学具有世界眼光和开放胸襟，真正做到“海纳百川，有容乃大”，进而“泛爱众，而亲仁”。但是又要“去其糟粕，取其精华”方能识别是非、分清黑白、判定真伪。最后忠贞不渝、踏踏实实、一心一意、坚持不懈地去实践，才能真正做到“笃行”。

“博学之，审问之，慎思之，明辨之，笃行之。”虽然讲的是治学的道理，但也可以运用到职场中。无论什么工作岗位，都需要多方面、广泛地学习，不懂的或者不太明白的需要直接详细地询问，彻底搞懂。工作期间需要慎重地思考，也需要明白地辨别，更需要切实地力行。学习任何技能，都得经过反复训练才能完成。

16 说希望（节选）

诵读主体

故夫希望者人类之所以异于禽兽，文明之所以异于野蛮，而亦豪杰之所以异于凡民者也。亚历山大之远征波斯也，尽斥其所有之珍宝以遍赐群臣。群臣曰：然则王更何有乎？亚历山大曰：吾有一焉，曰“希望”。夫亚历山大之丰功盛烈，赫然照烁于今古，然其功烈之成立，实希望为之涌泉。宁独亚历山大而已，摩西之出埃及也，数十年徘徊于沙漠之中，然卒能脱犹太人之羁轭，导之于葡萄繁熟、蜜乳馥郁之境。摩西之能有成功，迦南乐土之希望为之也。哥伦布之航海也，谋之贵族而贵族哗之，谋之葡国政府而政府拒之，乃至同行之人，困沮悔恨而思杀之，然卒能发见美洲，为欧人辟一新世界。哥伦布之能有成功，发见新地之希望为之也。玛志尼诸人之建国也，突起于帝政教政压抑之下，张空拳以求独立，然卒能脱墺人之压制，建新罗马之名邦。玛志尼诸人之能有成功，意大利统一之希望为之也。华盛顿之奋起也，抗英血战者八年，联合诸州者十载，然卒能脱离母国，建一完备之共和新国以为天下倡。华盛顿之能有成功，美国独立之希望为之也。宁独西国前哲而已。勾践一降王耳，然能以五千之甲士，困夫差于甬东也，则以有报吴之希望故。申包胥一逋臣耳，然能却败吴寇，复已燔之郢都也，则以有存楚之希望故。班超一书生耳，然能开通西域，断匈奴之右臂也，则以有立功绝域之希望故。范孟博登车揽辔，有澄清天下之大志；范文正方为秀才，有天下己任之雄心。自古之伟人杰士，类皆不肯苟安于现在之地位，其心中目中，别有第二之世界，足以餍人类向上求进之心。既悬此第二之世界以为程，则萃精神以谋之，竭全力以赴之，日夜奔赴于莽莽无极之前途，务达其鹄以为归宿。而功业成就之多寡，群治进化之深浅，悉视其希望之大小以为比列差。盖希望之力，其影响于世间者固若是其伟且大也。

知人论世

梁启超(1873—1929),字卓如,号任公,别署饮冰室主人、中国之新民等,广东新会人,近代著名的政治活动家、思想家、教育家、文学家,17岁中举,18岁拜康有为为师,后与康有为一起参与维新变法运动,时称“康梁”。变法失败后流亡日本,创办《新民丛报》等报刊。民国时期,曾出任司法总长。晚年脱离政界,专心从事文化和教育事业,曾任教于清华国学院。倡导文学革命,无论是诗、词、文,还是小说、戏曲,都取得了一定成就,尤以散文影响最大,其“新民体”曾风行一时。梁启超是百科全书式的学者和作家,有《饮冰室合集》。

本文正写于国家处于戊戌维新失败之后,将何去何从的紧要关头,当时,社会动荡,人心惶惶。维新变法失败后,梁启超逃亡日本,创办了《清议报》《新民丛报》等报刊,以饱含感情之笔,写酣畅淋漓之文,时时以文字启迪国人。在本文中,作者用诗一般的语言和火一般的热情,歌颂希望,激发人们不由自主地从内心生出对未来的希望。

阅读鉴赏

全文首先指出人类进化与希望之间的关系;接着比较人类与禽兽、文明与野蛮、豪杰与凡民的不同;再者比较绝望、失望与希望,指出希望的本质;最后激发国人内心的希望。

梁启超在文中强调,希望对一个人、一个民族、一个国家的意义非凡。在本选段中,作者列举了古今中外一系列名人名事,强调人类之所以区别于禽兽,文明之所以区别于野蛮,豪杰之所以区别于凡人的重要原因在于“希望”。

此外,从全文来看,作者认为人的生活是由现在和未来世界组成的,二者缺一不可。今日的世界是昨日理想所造,明日的世界又取决于今日的理想。因此,希望搭建了从现实通往理想的桥梁,更决定着未来的方向。从这个意义上说,理想和希望决定了一个人的境界和社会的文明与野蛮,因此他强调“故夫希望者人类之所以异于禽兽,文明之所以异于野蛮,而亦豪杰之所以异于凡民者也”。

思考寄语

梁启超自4岁起居家就读，少年登第，潜心钻研八股，完全能由学入仕、平步青云，前途一片光明。然而，面对晚清时期，遭受帝国主义铁蹄百般蹂躏的国家和民族，他毅然决然地放弃了原本无数人渴求的金光大道，走上了一条充满未知与坎坷的救国之路。这篇《说希望》气势凛冽，字字铿锵，敲打着国人的心灵，唤起国人的希望。如今的我们是幸运的，因为身处在一个和平幸福的时代，那么梁启超的“希望”对我们而言还有价值吗？当然有，无论在何种时代，希望是一个人、一个民族、一个国家在身处逆境时，无惧坎坷，坚忍不拔的支柱；在身处顺境时，未雨绸缪，踏实努力的基石。古人云“修身，齐家，治国，平天下”“天下兴亡，匹夫有责”，作为青年学生的我们，正值朝气蓬勃、意气风发之际，更应心怀天下，放眼未来！

17 中学生的修养与择业（节选）

诵读主体

中学生的修养应注意两点：

一、工具的求得

中学生大概是从十二岁的幼年到十八岁的青年，这个时期是决定他将来最重要的一个时期。求知识与做人、做事的工具，要在这个时期求得。古人说：“工欲善其事，必先利其器。”中学生要将来有成就，便应该注意到“求工具”——学业上，事业上，求知识上所需要的工具。求工具的目标有二：一是中学毕业后无力升学要到社会里去就业；一是继续升学。

第一种工具是语言文字。不论就业升学，以我个人的经验和观察所得，语言文字是最需要的工具。在中学里不仅应该学好本国的语言文字，最好能多学一二种外国的语言文字。它是就业升学的钥匙，能为我们打开知识的门。多学得一种语言，等于辟开一个新的花园、新的世界。语言文字，可以说是中学时期应该求得的工具当中非常重要的了。在中学时期如果没有打好语言文字的基础，以后做学问非常的困难。而且过了这个时期，很少能够把语言文字弄好的。

第二种工具是科学的基本知识。许多人都说学了数学，将来没有什么用处，这是错误的。数学是自然科学重要的钥匙，如果不能把这个重要的钥匙——数学，与物理学、化学、生物学、矿物学、植物学等，在中学时期学好，则不能求得新的知识。所以中学时期最重要的，是把这些基本知识弄好。

……

二、良好习惯的养成

良好习惯的养成，即普通所谓的人品教育，品性人格的陶冶。教育学家心理学家都告诉我们说：人品性格是习惯的养成，好的品格是好的习惯的养成。中学生是定型的阶段，中学生时期与其注重治学的方法，毋宁提倡良好习惯的养成。一个人的坏习惯在中学还可纠正，假使在中学里不能养成良好的习惯，这个人的前途便算完了，在大学里不会是个好学生，在社会里不会是个有用的人才。我愿在这里提醒青年学生们的注意，也请学生的父兄教师们注意。

我在台湾大学讲"治学方法"时，讲到一个故事：宋时有一新进士请教老前辈做官的秘诀，老前辈告诉他四个字："勤谨和缓"。这四个字，大家称为做官的秘诀，我把它看作做人、做事、做学问的秘诀。简单的分别说：

勤，就是不偷懒，不走捷径，要切切实实，辛辛苦苦的去做。要用眼睛的用眼睛，用手的用手，用脚的用脚，先生叫你找材料，你就到应该到的地方去找。叫你找标本，你就到田野，到树林里去找，无论在实验室里，在自然界里，都不要偷懒，一点一滴的去做。

谨，就是谨慎，不粗心，不苟且。以江浙的俗话来说，不拆烂污。写字，一点、一横都不放过；写外国字，"i"的一点、"t"的一横，也一样的不放过；做数学，一个圈、一个小数点都不可苟且。不要以为这是小事情，做事关系天下的大事，做学问关系成败，所以细心谨慎，是必须要养成的习惯。

和，就是不要发脾气，不要武断。要虚心，要和和平平。什么叫作虚心？脑筋不存成见，不以成见来观察事，不以成见来对待人。就做学问来说：要以心平气和的态度来学化学、数学、历史、地理，并以心平气和的态度来学语文。无论对事、对人、对物、对问题、对真理，完全是虚心的，这叫作和。

缓，这个字很重要。“缓”的意思是不要忙，不轻易下一个结论。如果没有缓的习惯，前面三个字就不容易做到。……达尔文的生物进化论认为，动植物的生存进化与环境有绝大的关系，也费了三十年的工夫，到四海去搜集标本和研究，并与朋友们往复讨论。朋友们都劝他发表，他仍然不肯。后来英国皇家学会收到另一位科学家华莱士的论文，其结论与达尔文的一样，朋友们才逼着达尔文把研究的结论公布，并提出与朋友们讨论的信件，来证明他早已获得结论，于是皇家学会才决定同华莱士的论文同时发表。达尔文这种持重的态度，不是缺点，是美德，这也是科学史上勤、谨、和、缓的实例。值得我们去想想，作为榜样，尤其青年学生们要在中学里便养成这种好习惯。有了这种好习惯，无论是做人、做事、做学问，将来不怕没有成就。

中学生高中毕业后，面临的问题是继续升学或到社会去找职业。升学应如何选科？到社会去应如何择业？简单地说，有两个标准：

一、社会的标准

社会上所需要的，最易发财的，最时髦的是什么？这便是社会的标准。……

二、个人的标准

所谓个人的标准，就是个人的兴趣、性情、天才近哪门学科，适于哪一行业。简单地说，能干什么。社会上需要工程师，学工程的固不忧失业，但个人的性情志趣是否与工程相合？父母、兄长、爱人都希望你学工程，而你的性情志趣，甚至天赋，却近于诗词、小说、戏剧、文学，你如迁就父母、兄长、爱人之所好而去学工程，结果工程界里多了一个饭桶，国家社会失去了一个第一流的诗人、小说家、文学家、戏剧学家，不是可惜了吗？所以个人的标准比社会的标准重要。因为社会标准所需要的太多，中国人常说社会职业有三百六十行，这是以前的说法，现在何止三百六十行，也许三千六百行、三万六千行都有，三千六百行、三万六千行，行行都需要。社会上需要建筑工程师，需要水利工程师，需要电力工程师，也需要大诗人、大美术家、大法学家、大政治家，同时也需要做新式马桶的工人。能做新式马桶的，照样可以发财。社会上三万六千行，既是行行都需要，一个人决不可能会做每行的事，顶多会二三行，普通都只能会一行的。在这种情形之下，试问是社会的标准重要，还是个人的标准重要？当然是个人的重要！因此选科择业不要太注重社会上的需要，更不要迁就父母、兄长、爱人的所好。爸爸要你学赚钱的职业，妈妈要你学时髦的职业，爱人要你学社会上有地位的职业，你都不要管他，只问你自己的性情近乎什么？自己的力量能做什么？配做什么？要根据这些来决定。

历史上在这一方面，有很好的例子。意大利的伽利略是科学的老祖宗，是新的天文学家，新的物理学家的老祖宗。他的父亲是一个数学家，当时学数学的人很倒霉。在伽利略进大学的时候（300多年前），他父亲因不喜欢数学，所以要他学医，可是他读医科，毫无兴趣。朋友们以他的绘画还不坏，认为他有美术天才，劝他改学美术，他自己也颇以为然。有一天他偶然走过雷积教授替公爵府里面做事的人补习几何学的课室，便去偷听，竟大感兴趣，于是医学不学了，画也不学了，改学他父亲不喜欢的数学。后来替全世界创立了新的天文学、新物理学，这两门学问都建筑于数学之上。

最后说我个人到外国读书的经过……当时我同许多人谈过这个问题，为免辜负兄长的期望，决定选读农科，想做科学的农业家，以农报国。……以后我改学文科，学哲学、政治、经济、文学。在没有回国时，与朋友们讨论文学问题，引起了中国的文学革命运动。提倡白话，拿白话作文，做教育工具，这与农场经验没有关系，与苹果学没有关系，是我那时的兴趣所在。……最近研究《水经注》（地理学的东西）。我已经六十二岁了，还不知道我究竟学什么？都是东摸摸、西摸摸，也许我以后还要学学水利工程亦未可知，虽则我现在头发都白了，还是无所专长，一无所成。可是我一生很快乐。因为我没有依社会需要的标准去学时髦。我服从了自己的个性，根据个人的兴趣所在去做，到现在虽然一无所成，但是我生活得很快乐，希望青年朋友们，接受我经验得来的这个教训，不要问爸爸要你学什么，妈妈要你学什么，爱人要你学什么。要问自己性情所近，能力所能做的去学。这个标准很重要，社会需要的标准是次要的。

知人论世

胡适（1891—1962），字希彊，学名洪骍，后改名适，字适之，安徽绩溪人，思想家、文学家、哲学家，以倡导“白话文”、领导新文化运动闻名于世。

胡适幼年就读于家乡私塾，19岁考取庚子赔款官费生，留学美国，师从哲学家约翰·杜威。1917年夏回国，受聘为北京大学教授。1918年加入《新青年》编辑部，大力提倡白话文，宣扬个性解放、思想自由，与陈独秀同为新文化运动领袖。他的文章从创作理论的角度阐述新旧文学的区别，提倡新文学创作，翻译法国都德、莫泊桑和挪威易卜生的部分作品，又率先从事白话文学的创作。他于1917年发表的白话诗是现代文学史上第一批新诗。1939年获得诺贝尔文学奖的提名。1946年至1948年任北大校长。

阅读鉴赏

本文是一篇演讲稿，作者针对中学生这一特殊年龄段，主要从修养的养成和未来择业两个角度，给出自己的建议，十分值得我们阅读学习。

作者在开篇先说明了学习的意义，学习是获得“工具”的途径，中学生若想未来有好的出路，就必须求得“好工具”，开篇为下文讲择业做好铺垫。

想要获得“好工具”，学习者还必须具备良好的品格。接下来演讲者从“勤、谨、和、缓”四个方面讲述了个人修养的养成，并以达尔文的例子加以详细说明。

最后，演讲者从社会的角度和个人的角度劝诫中学生考虑专业的时候，不要仅仅考虑该专业的社会热门程度、能否赚钱等等，而应该从自身出发，选择一个自己真正喜欢，并愿意为之终身学习、终生奋斗的专业。

思考寄语

中职院校是为社会输送高素质、高技能劳动人才的地方，每一位中职生都需要考虑未来择业的问题。本文给了我们很好的启示——除了掌握必备的专业技能以外，我们还需要具备专业素养和职业精神。“三百六十行，行行出状元。”只要我们认真学习，刻苦锻炼技能，养成良好的专业素养，树立正确的职业观，在“不唯学历凭能力”的今天，一定都能“人人出彩、人人成才”！

18 桓荣传

诵读主体

显宗即位，尊以师礼，甚见亲重，拜二子为郎……乘舆尝幸太常府，令荣坐东面，设几杖，会百官骠骑将军东平王苍以下及荣门生数百人，天子亲自执业，每言辄曰："大师在是。"既罢，悉以太官供具赐太常家……荣每疾病，帝辄遣使者存问，太官、太医相望于道。及笃，上疏谢恩，让还爵土。帝幸其家问起居，入街下车，拥经而前，抚荣垂涕，赐以床茵、帷帐、刀剑、衣被，良久乃去。自是诸侯将军大夫问疾者，不敢复乘车到门，皆拜床下。荣卒，帝亲自变服，临丧送葬，赐冢茔于首山之阳。

知人论世

汉明帝（28—75），光武帝刘秀的第四子刘庄，30岁时以皇太子身份嗣大位，庙号显宗。《后汉书·明帝纪》称："帝生而丰下，十岁能通《春秋》，光武奇之"。

阅读鉴赏

译文：

明帝登基后，尊重桓荣以师礼相待，非常亲近敬重，任命他的两个儿子为郎。他曾经亲自去太常府（桓荣已封太常）探望，让桓荣坐东面，设置几杖，召百官骠骑将军东平王苍和桓荣弟子数百人来行弟子礼，明帝亲自听讲弟子礼节，每次发言都说："太师在这里。"结束后，把太官的供具都赐给了太常家。每次桓荣生病，汉明帝就派遣侍从看望问候，并派太官、太医为桓荣医治。桓荣病重的时候，呈上奏折叩谢皇恩，并辞让交还爵位和官职。明帝亲自到他家询问病情，进去他家所在街道就下车了，捧着经书上前，抚摸着桓荣哭泣，赐给他床茵、帷帐、刀剑、衣被，良久才离去。从此后诸侯、将军、大夫来探病的，不敢再乘车到门口，在床前都下拜。桓荣死后，明帝亲自穿上丧服送葬，赐予在首山的东面为他修筑坟墓。

本文的主人公较为特别，作为封建王朝的统治者，汉明帝却从太子时期就对自己的老师非常尊敬，从不摆皇太子的架子，这是非常难得的。他对老师的尊敬体现在几个方面：一是他对老师的衣食住行等物质生活非常关心。桓荣年事已高，汉明帝为了照顾他，遇到下雨或天晚不方便的时候就留桓荣在太子宫住。桓荣生病，汉明帝送医、送药、送食，绝不亏待老师。二是他始终恪守师生的礼仪。在桓荣家中，汉明帝都是亲自搀扶老师起坐东面位置，自己仍坐在学生位置（古代以东为尊）。桓荣坐定后，汉明帝带领百官及儒生侍立老师面前，恭恭敬敬地听老师讲课。如果有人向汉明帝请教，他也会很谦逊地说："太师在这里，我们好好听太师讲吧！"一到休息时间，汉明帝又会亲自捧着从皇宫带来的点心到老师面前，请老师食用。桓荣死后，一代国君更是亲自穿上丧服送葬。三是他对老师始终怀有感恩之情。汉明帝登基坐上皇帝之位后，写了一封情真意切的感谢信给桓荣，表达自己的感恩之心。在桓荣死后，汉明帝也对他的子孙颇为照顾。

思考寄语

古人云："一日为师，终身为父"，尊师重道是中华民族的传统美德，其本质是尊重知识、尊重教育、尊重人才。对青少年进行尊师重道教育，是人类生存、发展和社会文明进步的需要。自孔子在山东曲阜开创第一所"学校"以来，尊师之风日兴，许多有德行的帝王都曾做出表率。汉明帝尊师重教，一以贯之，为同学们在尊师重教这方面做出了很好的榜样。

19 曾子避席

诵读主体

仲尼居，曾子侍。子曰：“先王有至德要道，以顺天下，民用和睦，上下无怨。汝知之乎？”曾子避席曰：“参不敏，何足以知之？”

知人论世

曾子（前505—前435），名参，字子舆，春秋末年鲁国南武城（今山东嘉祥县）人，是中国著名的思想家，孔子的晚期弟子之一，与其父曾点同师孔子，是儒家学派的重要代表人物。曾子主张以孝恕忠信为核心的儒家思想，他的修齐治平的政治观，内省、慎独的修养观，以孝为本的孝道观至今仍具有极其宝贵的社会意义和实用价值。曾子参与编制了《论语》，著写了《大学》《孝经》《曾子十篇》等作品。曾子在儒学发展史上占有重要的地位，被后世尊奉为“宗圣”，是配享孔庙的四配之一。

“曾子避席”出自《孝经》，是一个非常著名的故事。

避席亦作辟席，是一种传统的交往礼节。古人席地而坐，为了表示对对方的尊敬和自己的谦逊，离座起立，这种做法便称为避席，也称离席或回避。

阅读鉴赏

译文：

曾子是孔子其中一个弟子，有一次他在孔子身边侍坐，孔子就问他：“以前的圣贤之王有至高无上的德行、精要奥妙的理论，能顺天下人心，人们就能和睦相处，君王和臣下之间也没有不满。你知道它们是什么吗？”曾子听了，明白老师孔子是要指点他最深刻的道理，于是立刻从坐着的席子上站起来，走到席子外面，恭恭敬敬地说道：“我不够聪明，哪里能知道，还请老师把这些道理教给我。”

曾子避席，是一种非常礼貌的做法。臣子不能跟君主平起平坐，学生也不能跟老师平起平坐，当老师教导的时候必须要恭敬地站起来聆听。当曾子听到老师要向他传授时，他站起身来，走到席子外向老师请教，是为了表示他对老师的尊重。曾子懂礼貌的故事被后人传颂，很多人都向他学习。

思考寄语

尊师重道一直以来都是中华民族的传统美德。这不仅是对老师的尊重，更是对知识的尊重。要想尽情释放自己的才华，首先需要知识的灌溉。而知识从哪来？从老师一堂堂课上、一句句教诲中来。

那尊师是不是就是给老师送礼物？不是的。曾子用“避席”的行为表示：在传授知识时，孔子是老师，自己是学生，学生应该用谦逊的态度聆听老师的教诲。这就是一个简单的行动。

也许，用耳朵仔细地听，用眼神与老师交流，这就是尊师重道的最好体现。

20 张良拜师

诵读主体

张良拜师的典故叫作圯桥授书，故事如下：

一天，张良闲步沂水圯桥头，遇一穿着粗布短袍的老翁。这个老翁走到张良的身边时，故意把鞋脱落桥下，然后，傲慢地差使张良道："小子，下去给我捡鞋！"张良愕然，但还是强忍心中的不满，违心地替他取了上来。随后，老人又跷起脚来，命张良给他穿上。此时的张良真想挥拳揍他，但因他已久历人间沧桑，饱经漂泊生活的种种磨难，因而强压怒火，膝跪于前，小心翼翼地帮老人穿好鞋。老人非但不谢，反而仰面长笑而去。张良呆视良久，只见那老翁走出里许之地，又返回桥上，对张良赞叹道："孺子可教矣。"并约张良5日后再到桥头相会。张良不知何意，但还是恭敬地跪地应诺。

五天后，鸡鸣时分，张良急匆匆地赶到桥上。谁知老人故意提前来到桥上，此刻已等在桥头，见张良来到，愤愤地斥责道："与老人约，为何误时？5日后再来！"说罢离去。结果第二次张良再次晚老人一步。第三次，张良索性半夜就到桥上等候。他经受住了考验，其至诚和隐忍精神感动了老者，于是老者送给他一本书，说："读此书则可为王者师，10年后天下大乱，你可用此书兴邦立国；13年后济北谷城山下的黄石便是老夫。"说罢，扬长而去。这位老人就是传说中隐身岩穴的高士黄石公，亦称"圯上老人"。

张良惊喜异常，天亮时分，捧书一看，乃《太公兵法》。从此，张良日夜研习兵书，俯仰天下大事，终于成为一个深明韬略、文武兼备、足智多谋的"智囊"。秦二世元年（前209）七月，陈胜、吴广在大泽乡揭竿而起，举兵反秦。紧接着，各地反秦起义风起云涌。矢志抗秦的张良也聚集了100多人，扯起了反秦的大旗。后因自感身单势孤，难以立足，只好率众往投景驹（自立为楚假王的农民军领袖），途中正好遇上刘邦率领义军在下邳一带发展势力。两人相见如故，张良多次以《太公兵法》进说刘邦，刘邦多能领悟，并常常采纳张良的谋略。于是，张良果断地改变了投奔景驹的主意，决定跟从刘邦。作为士人，深通韬略固然重要，但施展谋略的前提则是要有善于纳谏的明主。这次不期而遇，张良“转舵”明主，反映了他在纷纭复杂的形势中，具有清醒的头脑和独到的眼光。从此，张良深受刘邦的器重和信赖，聪明才智也有机会得以充分发挥。

张良始终不忘那个给他《太公兵法》的老人。13年后，他随从刘邦经过济北时，果然在谷城山下看见有块黄石，并把它取回，称之为“黄石公”，作为珍宝供奉起来，按时祭祀。张良死后，其家属把这块黄石和他葬在一起。

知人论世

张良（？—前186），字子房，颍川城父人。秦末汉初杰出谋臣，西汉开国功臣、政治家，与韩信、萧何并称为“汉初三杰”，被册封为留侯。

张良力劝刘邦在鸿门宴上卑辞言和，保存实力，并疏通项羽季父项伯，使得刘邦顺利脱身。他凭借出色的智谋，协助汉王刘邦赢得楚汉战争，建立大汉王朝；帮助吕后之子刘盈成为皇太子。

张良精通黄老之道，不恋权位，晚年随赤松子云游四海，汉高后二年（前186）去世，谥号文成。汉高祖刘邦曾在洛阳南宫评价他说：“夫运筹策帷帐之中，决胜于千里之外，吾不如子房。”

阅读鉴赏

尊师重道，是中华民族的传统美德，其本质是尊重知识、尊重教育、尊重人才。对青少年进行尊师重道教育，这是人类生存、发展和社会文明进步的需要。中华民族历代提倡尊师重道、尊敬师长，古代流传下来许许多多这方面的故事，“张良拜师”就是一个典型，这个故事生动形象地记叙了张良不辞劳苦、虔诚拜师的经历。张良拜师一波三折，老者几次三番刁难他，他却处处礼让，这既表现了对老者的尊重，也表现了自身品格的完善。

这个故事告诉我们：拜师学艺，一定要虚心，态度诚恳，百分百尊重老师，只有这样，才会赢得师父的真诚相授！

思考寄语

人之所以称为人，在于人类可以创造文明，而文明说到底不过是一种积累与传递。每一代长者都把其积累的经验和知识传给下一代，才有了人类的今天。所以，对于青少年学生，应该养成谦虚礼貌的好品德、好习惯，尊敬老师、尊重知识、尊重人才，只有这样，才能从长者那里学到知识与本领，并将其继承、发扬光大。

业道酬精
志存高远

1 黄生借书说

诵读主体

黄生允修借书。随园主人授以书，而告之曰：

书非借不能读也。子不闻藏书者乎？七略、四库，天子之书，然天子读书者有几？汗牛塞屋，富贵家之书，然富贵人读书者有几？其他祖父积、子孙弃者无论焉。非独书为然，天下物皆然。非夫人之物而强假焉，必虑人逼取，而惴惴焉摩玩之不已，曰："今日存，明日去，吾不得而见之矣。"若业为吾所有，必高束焉，庋藏焉，曰"姑俟异日观"云尔。

余幼好书，家贫难致。有张氏藏书甚富。往借，不与，归而形诸梦。其切如是。故有所览辄省记。通籍后，俸去书来，落落大满，素蟫灰丝时蒙卷轴。然后叹借者之用心专，而少时之岁月为可惜也！

今黄生贫类予，其借书亦类予；惟予之公书与张氏之吝书若不相类。然则予固不幸而遇张乎，生固幸而遇予乎？知幸与不幸，则其读书也必专，而其归书也必速。

为一说，使与书俱。

知人论世

袁枚（1716—1798），字子才，号简斋，晚年自号仓山居士、随园主人、随园老人，钱塘（今浙江杭州）人，祖籍浙江慈溪。清朝乾嘉时期代表诗人、散文家、文学评论家和美食家。

袁枚倡导"性灵说"，主张诗文审美创作应该抒写性灵，要写出诗人的个性，表现其个人生活遭际中的真情实感，与赵翼、蒋士铨合称为"乾嘉三大家"，又与赵翼、张问陶并称"性灵派三大家"，为"清代骈文八大家"之一。文笔与大学士纪昀齐名，时称“南袁北纪”。主要著作有《小仓山房文集》《随园诗话》以及《随园诗话补遗》《随园食单》《子不语》《续子不语》等。散文代表作《祭妹文》，古文论者将其与唐代韩愈的《祭十二郎文》并提。

阅读鉴赏

译文：

年轻人黄允修来借书。随园主人我把书交给他并且告诉他说：

“书不是借来的就不能好好地去读。您没有听说过那些收藏书籍的人的事吗？《七略》《四库》是天子的藏书，但是天子中读书的人又有几个？搬运时使牛累得出汗，放置在家就堆满屋子的书是富贵人家的书，但是富贵人家中读书的又有几个？其余像祖辈父辈积藏许多图书、子辈孙辈丢弃图书的情况就更不用说了。不只书籍是这样，天下的事物都是这样。不是那人自己的东西而勉强向别人借来，他一定会担心别人催着要回，就忧惧地摩挲抚弄那东西久久不停，说：‘今天存放在这里，明天就要拿走了，我不能再看到它了。’如果已经被我占有，必定会把它捆起来放在高处，收藏起来，说：‘暂且等待日后再看’如此而已。”

“我小时候爱好书籍，但是家里贫穷，难以得到书读。有个姓张的人收藏的书很多。我去借，他不借给我，回来就在梦中还出现那种情形。求书的心情迫切到这种程度。所以只要有看过的书就认真深思并记住。做官以后，官俸花掉了，书籍买来了，一堆堆地装满书册。这样以后才慨叹借书的人用心专一，而自己少年时代的时光是多么值得珍惜啊！”

现在姓黄的年轻人像我从前一样贫穷，他借书苦读也像我从前一样；只是我的书借给别人同别人共用和姓张的人吝惜自己的书籍好像不相同。既然这样，那么我本来不幸是遇到姓张的呢，姓黄的年轻人本来幸运是遇到了我呢？懂得借到书的幸运和借不到书的不幸运，那么他读书一定会专心，并且他还书一定会很迅速。

写了这一篇借书说，让它同出借的书一起交给姓黄的年轻人。

文章围绕“借书”一事，开宗明义地提出“书非借不能读也”，通过正反对比，由人及己，现身说法，一层层地把道理说透。先以帝王、富贵人家全都藏书丰富，却没有几个读书人，以及祖父辈尽心藏书而子孙辈随意毁弃书这三种常见的事实，来作初步证明；再用类比推理，以人们对于借来的东西和属于自己的东西所采取的不同态度，来说明这个论断是有普遍意义的。作者不用推理论证，而是就近取譬，明白晓畅，娓娓而谈，既显得语短而情长，又做到事浅而意深。它启示人们珍惜时间，执着于现在，勤奋好学，用心专一，其意义不限于激励借书苦读而已。文章耐人寻味的内蕴和技巧也正在这里。

思考寄语

“书非借不能读也”，之所以能借而读书之专心，是因为有一种努力读书的动力。无论是何身份，是何职业，我们都应根植于社会的需要，努力提升自己的精神素养，成为职业发展的可持续动力，引领我们朝着向上、向善的方向发展，真正做到“职业技能”和“职业精神”的协同融合。

2 己亥杂诗

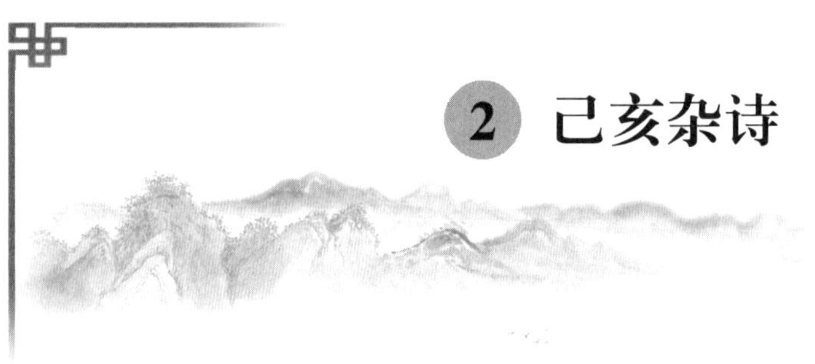

诵读主体

九州生气恃风雷，
万马齐喑究可哀。
我劝天公重抖擞，
不拘一格降人才。

知人论世

龚自珍（1792—1841），字璱人，号定庵，浙江仁和（今杭州）人。清代著名思想家、文学家、诗人和改良主义的先驱者。

龚自珍曾任内阁中书、礼部主事等官职。他的诗文主张“更法”“改图”，揭露清统治者的腐朽，洋溢着爱国热情。著有《定盦文集》，留存文章300余篇，诗词近800首，今人辑为《龚自珍全集》。著名诗作《己亥杂诗》共315首，多咏怀和讽喻之作。他的许多诗既是抒情，又是议论，但不涉事实，议论亦不具体，只是把现实的普遍现象，提到社会历史的高度，提出问题，抒发感慨，表达态度和愿望。他以政论作诗，但并不抽象议论，也不散文化。

阅读鉴赏

《己亥杂诗》中己亥指清道光十九年（1839），鸦片战争的前一年，当时龚自珍辞官南归，后又北上迎娶眷属，在南北往返途中，写就巨型组诗，本诗选自其第二百二十篇。本诗的大意是只有风雪激荡般的巨大力量才能使中国大地发出勃勃生气，然而朝野臣民噤口不语终究是一种悲哀。我奉劝天帝能重新振作精神，不要拘守一定规格降下更多的人才。

全诗层次清晰，共分三个层次：第一层，写了万马齐喑，朝野噤声的死气沉沉的现实社会。第二层，作者指出了要改变这种沉闷、腐朽的现状，就必须依靠风雷激荡般的巨大力量。暗喻必须经历波澜壮阔的社会变革才能使中国变得生机勃勃。第三层，作者认为这样的力量来源于人才，而朝廷所应该做的就是破格荐用人才，只有这样，中国才有希望。诗中选用“九州”“风雷”“万马”“天公”等雄壮的意象，用奇特的想象表现了作者热烈的希望，他期待着杰出人才的涌现，期待着改革大势形成新的“风雷”、新的生机，一扫笼罩九州的沉闷和迟滞的局面，既揭露矛盾、批判现实，更憧憬未来、充满理想。“我劝天公重抖擞，不拘一格降人才”两句，充分表现了诗人开阔的胸怀，远大的目光，具有战略性的设想，表达了诗人渴望砸烂黑暗统治，呈现一个崭新世界的愿望。全诗以一种热情洋溢的战斗姿态，对清朝当政者以讽荐，表达了作者心中对国家未来命运的关切和希望当政者能够广纳人才的渴望，具有很深刻的历史背景和很强的现实意义。

思考寄语

经历过波澜壮阔的社会变革，才能使国家变得生机勃勃。而在这个变革中，人才是社会发展的核心竞争力。我们要解放思想、发挥个性，不拘一格培养各方面的有用之材。只有充分鼓励和开明培养，促使优秀杰出人物更多涌现，才能形成新的“风雷”、新的生机。我们青年人也应该像诗中所寄予的那样，振作精神，勇敢地追求自己的理想，为创造一个生机勃勃的中国而努力奋斗！

3 孙子兵法·谋攻篇（节选）

诵读主体

夫将者，国之辅也。辅周则国必强，辅隙则国必弱。故君之所以患于军者三：不知军之不可以进，而谓之进，不知军之不可以退，而谓之退，是谓縻军；不知三军之事，而同三军之政，则军士惑矣；不知三军之权，而同三军之任，则军士疑矣。三军既惑且疑，则诸侯之难至矣，是谓乱军引胜。

知人论世

《孙子兵法》，又称《孙武兵法》《孙子》等，是中国现存最早的兵书，也是世界上最早的军事著作，早于克劳塞维茨《战争论》约2300年，被誉为“兵学圣典”。共有6000字左右，一共13篇。作者为春秋时祖籍齐国乐安的吴国将军孙武。

《孙子兵法》是中国古代军事文化遗产中的璀璨瑰宝，优秀传统文化的重要组成部分，其内容博大精深，思想精邃，逻辑缜密，是古代军事思想精华的集中体现。

《孙子兵法》被奉为兵家经典。诞生约有2500年历史，历代都有研究。李世民说“观诸兵书，无出孙武”。兵法是谋略，谋略不是小花招，而是大战略、大智慧。如今，《孙子兵法》已经走向世界，被翻译成多种语言，在世界军事史上也占据重要的地位。

阅读鉴赏

译文：

将帅是国家的辅助。辅助之谋缜密周详，则国家必然强大，辅助之谋疏漏失当，则国家必然衰弱。所以，国君对军队的危害有三种：不知道军队不可以前进而下令前进，不知道军队不可以后退而下令后退，这叫作束缚军队；不知道军队的战守之事、内部事务而同理三军之政，将士们会无所适从；不知道军队战略战术的权宜变化，却干预军队的指挥，将士就会疑虑。军队既无所适从，又疑虑重重，诸侯就会趁机兴兵作难，这就是自乱其军，坐失良机。

《孙子兵法·谋攻篇》中的这段，从国家将帅及国君的层面指出，如何谋得全胜。如果将帅或国君能谋划周密，国家就会变得越来越强大，反之，国家就会衰弱。然后，孙子又以国君的三个“不知”进一步说明，国君不要胡乱干预军队之事，如果瞎干预，那就是自乱阵脚，最后错失胜利的契机。这段的核心内容就是“知”，不知道就不要瞎指挥，瞎指挥就会出大问题，换句话说，要让懂行的人去指挥该行的事。

历史上大部分帝王按他们本身的综合能力来评判，可能根本比不上手下的文武大臣，但是，他们却可以当好一个帝王，原因为何？究其根本，就是他们擅长驭人。刘邦可谓是“王侯将相宁有种乎”的典范，他出身低微，却能当皇帝，曾激励无数人，通过努力改变命运。刘邦具备了做“王侯将相”的专业才能，因为他懂得驭人，而项羽这方面就有所欠缺，所以刘邦最终战胜项羽当了皇帝。

对于刘邦来说，他文不能书、武不能战，但他把“驭人”这个专业发挥得淋漓尽致，运用得登峰造极，所以他成功了。

正如韩信所言：“陛下不能将兵，而善将将。”这句话道出了刘邦成功的真谛，也道出了《孙子兵法·谋攻篇》这段的实质——专业的人做专业的事。

思考寄语

正所谓“闻道有先后，术业有专攻”。所以，现在的很多企业、单位，为了在相关领域取得突出成就，越来越重视引进专业人才。对于我们个人而言，也要清楚认识自己所擅长的领域，不要盲目跟风，在自己擅长的领域，才能铸就更大的辉煌。

4 颜氏家训·勉学篇（节选）

诵读主体

古之学者为己，以补不足也；今之学者为人，但能说之也。古之学者为人，行道以利世也；今之学者为己，修身以求进也。夫学者犹种树也，春玩其华，秋登其实；讲论文章，春华也，修身利行，秋实也。

人生小幼，精神专利，长成已后，思虑散逸，固须早教，勿失机也。吾七岁时，诵《灵光殿赋》，至于今日，十年一理，犹不遗忘。二十以外，所诵经书，一月废置，便至荒芜矣。然人有坎壈，失于盛年，犹当晚学，不可自弃……幼而学者，如日出之光；老而学者，如秉烛夜行，犹贤乎瞑目而无见者也。

……

夫圣人之书，所以设教，但明练经文，粗通注义，常使言行有得，亦足为人；何必"仲尼居"即须两纸疏义，燕寝、讲堂，亦复何在？以此得胜，宁有益乎？光阴可惜，譬诸逝水。当博览机要，以济功业，必能兼美，吾无间焉。

知人论世

颜之推（531—约597），字介，生于江陵（今湖北江陵），祖籍琅琊临沂（今山东临沂），中国古代文学家、教育家。学术上，颜之推博学多才，一生著述甚丰，所著书大多已亡佚，今存《颜氏家训》和《还冤志》两书，《急就章注》《证俗音字》和《集灵记》有辑本。《颜氏家训》是他对自己一生有关立身、处世、为学经验的总结，被后人誉为家教典范，影响很大。

《颜氏家训》是我国历史上第一部内容丰富、体系宏大的家训，也是一部学术著作。阐述立身治家的方法，其内容涉及许多领域，强调教育体系应以儒学为核心，尤其注重对孩子的早期教育，并对儒学、文学、佛学、历史、文字、民俗、社会、伦理等方面提出了独到的见解。文章内容切实，语言流畅，具有一种独特的朴实风格，对后世的影响颇为深远。

阅读鉴赏

译文：

古代求学的人是为了充实自己，以弥补自身的缺失；现在求学的人是为了取悦他人，向别人炫耀。古代求学的人是为了他人，推行自己的主张以造福社会；现在求学的人是为了自身需要，涵养德行以求仕进。求学就像种果树一样，春天可以观赏它的花朵，秋天可以收取它的果实。讲论文章，这就好比赏玩春花；修身利行，这就好比摘取秋果。

人在幼小的时候，精神专注敏锐，长大成人以后，思想容易分散，所以，对孩子确实需要及早教育，不可坐失良机。我七岁的时候，背诵《灵光殿赋》，直到今天，隔十年温习一次，仍然不会遗忘。二十岁以后，所背诵的经书，搁置在那里一个月，便到了荒废的地步。当然，人总有困厄的时候，壮年时失去了求学的机会，更应当在晚年时抓紧时间进行学习，不可自暴自弃。从小就开始学习的人，就如同太阳初升时的光芒；到老年才开始学习的人，就如同手持蜡烛在夜间行走，但总比那闭着眼睛什么也看不见的人强。

圣人的书，是用来教育人的，只要能熟读经文，精通注文之义，使之对自己的言行经常提供些帮助，也就足以在世上为人了；何必"仲尼居"三个字就要写两张纸的疏文来解释呢，你说"居"指闲居之处，他说"居"指讲习之所，现在又有哪个能够亲见？在这种问题上，争个你输我赢，难道会有什么好处吗？光阴可惜，就像那逝去的流水般一去不返，我们应当广泛阅读书中那些精要之处，以求对自己的事业有所帮助。如果你们能把博览与专精结合起来，那我就非常满意，无话可说了。

《颜氏家训·勉学篇》不仅仅说了"勉学"，也阐明了做人的一般道理。在颜氏看来，学习的目的不仅在于弥补自身的不足之处，更在于加强道德修养、不断进取向上，将所学知识应用于生活实践、为社会创造财富。在说理的过程中，作者运用了鲜明的对比，贴切的比喻并结合自己的亲身经历与体验，增添了文章的说服力，教读者从根本上解决学习中的困惑方法——学习目的在于"修身利行"、学习态度要"早教"且"不可自弃"、学习方法能使"言行有得"并"博览机要"。

思考寄语

“人生在世，会当有业”，士、农、工、商、兵各行都是学问。无论哪个行业，学好了都可以安身立命。人们只有分工的不同，没有职业的贵贱，无论从事何种职业的人都应当受到尊重。我们可以选择博览世界各种文化，择其精要而兼收并蓄之；亦可精通一门赖以生存并以此为平台而发展的专业，博览其他学科的专业知识，以拓展自己的专业空间。正所谓，读万卷书，行万里路。

5 咏荆轲

诵读主体

燕丹善养士，志在报强嬴。
招集百夫良，岁暮得荆卿。
君子死知己，提剑出燕京。
素骥鸣广陌，慷慨送我行。
雄发指危冠，猛气冲长缨。
饮饯易水上，四座列群英。
渐离击悲筑，宋意唱高声。
萧萧哀风逝，淡淡寒波生。
商音更流涕，羽奏壮士惊。
心知去不归，且有后世名。
登车何时顾，飞盖入秦庭。

凌厉越万里，逶迤过千城。
图穷事自至，豪主正怔营。
惜哉剑术疏，奇功遂不成。
其人虽已没，千载有余情。

知人论世

陶渊明（约365—427），字元亮，晚年更名潜，字渊明。别号五柳先生，私谥靖节，世称靖节先生，浔阳柴桑（今江西九江）人。东晋末到刘宋初杰出的诗人、辞赋家、散文家，被誉为“隐逸诗人之宗”“田园诗派之鼻祖”。曾任江州祭酒、建威参军、镇军参军、彭泽县令等职，最末一次出仕为彭泽县令，80多天便弃职而去，从此归隐田园。他是中国第一位田园诗人，有《陶渊明集》。

阅读鉴赏

译文：

燕国太子喜欢收养门客，目的是对秦国报仇雪恨。
他到处招募有本领的人，这一年年底募得了荆卿。
君子重义气为知己而死，荆轲仗剑就要辞别燕京。
白色骏马在大路上鸣叫，众人意气激昂为他送行。
个个同仇敌忾怒发冲冠，勇猛之气似要冲断帽缨。
易水边摆下盛宴来践行，在座群雄都是人中精英。
渐离击筑筑声慷慨悲壮，宋意高歌歌声响彻云霄。
座席中吹过萧萧的哀风，水面上漾起淡淡的波纹。
唱到商音听者无不流泪，奏到羽音荆轲格外惊心。
他明知这一去十死无生，但留世英名将万古长存。
登车而去何曾有所眷顾，飞车直驰那秦国的宫廷。
勇往直前行程超过万里，曲折行进所经何止千城。
翻完地图忽地现出匕首，秦王一见不由胆战心惊。
只是可惜剑术仍欠火候，奇功伟绩终究未能完成。
荆轲其人虽然早已逝去，但其精神永远激励后人。

诗歌按照事件的经过，描写了出京、饮饯、登程、搏击几个场面，尤其着力于人物动作的刻画，塑造了一个大义凛然的除暴英雄形象。比如，“提剑出燕京”，写出了荆轲仗剑行侠的英姿；“雄发指危冠，猛气充长缨”，更以夸张的笔法写出荆轲义愤填膺、热血沸腾的神态。而“登车何时顾，飞盖入秦庭。凌厉越万里，逶迤过千城。”四句，排比而下，一气贯注，更写出了荆轲义无反顾、直蹈秦邦的勇猛气概。诗中虽没有正面写刺秦王的场面，但从“豪主正怔营”一句，可以想见荆轲拔刀行刺之时那令风云变色的虎威。

这首诗还通过环境气氛的渲染来烘托荆轲的精神面貌。最典型的是易水饮饯的场景。在肃杀的秋风中、滔滔的易水上，回荡着激越悲壮的乐声，“悲筑”“高声”“哀风”“寒波”相互激发，极其强烈地表达出“壮士一去兮不复还”的英雄主题。

作者运用语言既保持了质朴清新、明白晓畅，体现了作者语言的一贯风格，又紧紧根据内容安排恰当的语言形式，使之能产生强烈的表达效果。

值得一提的是，陶渊明在诗中故意忽略了史书中所记载的，荆轲临行时因等待帮手而延误出发，被燕太子丹误会其反悔一事，直接写荆轲“君子死知己，提剑出燕京”，凸显了荆轲“士为知己者死”的精神境界，将其英雄形象烘托得更加高大。

思考寄语

陶渊明曾数度出入官场，最终“不为五斗米折腰”而辞官归隐，可见其性格中不仅有豪放、侠义之情，更有不衰的猛志和对自身价值实现的渴望。本诗是诗人借历史之旧事，抒自己之爱憎的作品，诗中的荆轲既是侠义的化身，又是诗人情感的寄托。人们同情荆轲，赞颂荆轲，并且极愿以他为榜样，为着理想的事业而慷慨高歌，甚至舍生取义。壮士就义，但他的豪情壮志永垂不朽；高士归隐，是他的毕生理想事业终于有了最恰当的表达。作者在激情下写成了《咏荆轲》，与“猛志固常在”是同样的思想，读后不难想象作者“揽辔澄清”之志和“逸兴遄飞”之情。

6 运斤成风

诵读主体

庄子送葬，过惠子（即惠施，是庄子的好友）墓，顾谓从者曰："郢人垩漫其鼻端，若蝇翼，使匠石斫之。匠石运斤成风，听而斫之，尽垩而鼻不伤，郢人立不失容。宋元君闻之，召匠石曰：'尝试为寡人为之。'匠石曰：'臣则尝能斫之。虽然，臣之质死久矣！'自夫子之死也，吾无以为质矣，吾无与言之矣！"

知人论世

庄子，名周，战国时期宋国蒙人，著名的思想家、哲学家、文学家。他是继老子之后道家学派的代表人物，与老子并称为"老庄"。庄子主张清静无为，顺其自然，不求名、不求利，淡视生死。庄子文字的汪洋恣肆，意象的雄浑飞越，想象的奇特丰富，情致的滋润旷达，给人以超凡脱俗与崇高美妙的感受，在中国的文学史上独树一帜。他的文章体制已脱离语录体形式，标志着先秦散文已经发展到成熟的阶段，可以说《庄子》代表了先秦散文的最高成就。

《庄子》富于想象力和浪漫主义色彩，擅长用寓言来说明道理。《庄子》共33篇，内篇7篇，为庄子所作，外篇15篇和杂篇11篇为庄子门人和后学者所作。

阅读鉴赏

译文：

庄子送葬，经过惠子的墓地，回过头来对跟随的人说："郢地有个人让白垩泥涂抹了他自己的鼻尖，像蚊蝇的翅膀那样大小，让匠石用斧子砍削掉这一小白点。匠石挥动斧子呼呼作响，漫不经心地砍削白点，鼻尖上的白泥完全除去而鼻子却一点也没有受伤，郢地的人站在那里也若无其事不失常态。宋元君知道了这件事，召见匠石说：‘你为我也这么试试。’匠石说：‘我确实曾经能够砍削掉鼻尖上的小白点。虽然如此，我可以搭配的伙伴已经死去很久了。’自从惠子离开了人世，我没有可以匹敌的对手了！我没有可以与之论辩的人了！”

“郢人垩漫其鼻端”，请匠石为之斫去，匠石运斤成风，结果“尽垩而鼻不伤。郢人立不失容”。短短几句话便将一个惊心动魄的场景不露声色地描绘出来，使人不得不由衷感叹匠石的鬼斧神工。文章若至此戛然而止，也不失为一段描述优秀的佳作。而接下去的匠石与宋元君的对答则进一步深化主题，揭示了匠石与郢人休戚与共互相依赖的关系：“臣则尝能斫之。虽然，臣之质死久矣!”郢人不过是个靶子，是个配角，但没有这个配角，匠石也演不出运斤成风的绝技。这样，匠石与宋元君的对答不仅深化了“运斤成风”的主题，揭示了主、配角之间的依赖关系，也为庄子对惠子的死发出的感叹做了恰到好处的铺垫。

思考寄语

对于古代工匠群体而言，他们十分尊敬自己从事的职业劳动，他们追求职业技能的完美和极致。“干一行爱一行，干一行精一行。”职业技能的精进离不开坚持，更离不开团队合作的配合。真正的职场达人，既能持续努力，把内在的才干变成核心优势，又能找到适合自己的搭档、知音，内外兼修，才能让成功显得毫不费力。

7 张衡传（节选）

诵读主体

张衡字平子，南阳西鄂人也。衡少善属文，游于三辅，因入京师，观太学，遂通五经，贯六艺。虽才高于世，而无骄尚之情。常从容淡静，不好交接俗人。永元中，举孝廉不行，连辟公府不就。时天下承平日久，自王侯以下莫不逾侈。衡乃拟班固《两都》作《二京赋》，因以讽谏。精思傅会，十年乃成。大将军邓骘奇其才，累召不应。

衡善机巧，尤致思于天文阴阳历算。安帝雅闻衡善术学，公车特征拜郎中，再迁为太史令。遂乃研核阴阳，妙尽璇玑之正，作浑天仪，著《灵宪》《算罔论》，言甚详明。顺帝初，再转，复为太史令。衡不慕当世，所居之官辄积年不徙。自去史职，五载复还。

阳嘉元年，复造候风地动仪。以精铜铸成，员径八尺，合盖隆起，形似酒尊，饰以篆文山龟鸟兽之形。中有都柱，傍行八道，施关发机。外有八龙，首衔铜丸，下有蟾蜍，张口承之。其牙机巧制，皆隐在尊中，覆盖周密无际。如有地动，尊则振龙，机发吐丸，而蟾蜍衔之。振声激扬，伺者因此觉知。虽一龙发机，而七首不动，寻其方面，乃知震之所在。验之以事，合契若神。自书典所记，未之有也。尝一龙机发而地不觉动，京师学者咸怪其无征。后数日驿至，果地震陇西，于是皆服其妙。自此以后，乃令史官记地动所从方起。

……

永和初，出为河间相。时国王骄奢，不遵典宪；又多豪右，共为不轨。衡下车，治威严，整法度，阴知奸党名姓，一时收禽，上下肃然，称为政理。视事三年，上书乞骸骨，征拜尚书。年六十二，永和四年卒。

知人论世

《张衡传》是一篇精彩的人物传记，选自《后汉书》，作者范晔，是一篇精彩的人物传记。文章以时间作为叙事线索，描述了张衡在科学、政治、文学等领域的诸多才能。

范晔（398—445），字蔚宗，顺阳（今河南南阳淅川县）人。南朝宋史学家，官至左卫将军，太子詹事。范晔出生在河南南阳一个著名的士族家庭，有着正宗的家学传统。范晔从小好学，再加上天资聪慧，因此尚未成年，便以博涉经史、善写文章而负盛名。

元嘉九年（432）冬，彭城王刘义康母亲去世。葬前的晚上，百官吊唁，范晔与人纵酒夜半，醉意朦胧中又听挽歌为乐，因此触怒刘义康，把范晔贬官出京为宣城太守。贬官期间，范晔深感郁闷不得志，便删节众家《后汉书》为一家之作，期间修撰完成大部。

《后汉书》是"二十四史"之一，是一部记载东汉时期历史的纪传体断代史，与《史记》《汉书》《三国志》合称"前四史"。《后汉书》大部分沿袭《史记》《汉书》的现成体例，但在成书过程中，范晔根据东汉时期一代历史的具体特点，又有所创新，有所变动。《后汉书》的进步性还体现在勇于暴露黑暗政治，同情和歌颂正义的行为，一方面揭露鱼肉人民的权贵，另一方面表彰那些刚强正直、不畏强暴的中下层人士。

阅读鉴赏

译文：

张衡字平子，南阳西鄂（今河南南阳石桥镇）人。张衡年轻时就擅长写文章，曾在"三辅"一带游学，趁机进入京城洛阳，在太学学习，于是通晓五经，贯通六艺，虽然才华比一般的人高，但并不因此而骄傲自大。（他）平时举止从容不迫，性情淡泊恬静，不喜欢与世俗之人交往。永元年间，他被推举为孝廉，却不应荐，多次被公府征召，都没有就任。此时社会长期太平无事，从王公贵族到一般官吏，没有不过度奢侈的。张衡于是模仿班固的《两都赋》写了《二京赋》，用它来（向朝廷）讽喻规劝。这篇赋，他精心构思文章的组织、布局、命意、修辞，用了十年才完成。大将军邓骘对他的才能感到惊讶，屡次征召他，他也不去应召。

张衡善于器械制造方面的巧思，尤其在天文、气象和历法的推算等方面很用心。汉安帝常听说他擅长术数方面的学问，命公车（汉代官署名）特地征召他，授予他郎中的官职。后来迁升为太史令。于是，张衡就精心研究、考核阴阳之学（包括天文、气象、历法诸种学问），精辟地研究出测天文仪器的正确道理，制作浑天仪，著成《灵宪》《算罔论》等书籍，论述极其详尽。

汉顺帝初年，张衡两次转任后又做了太史令之职。张衡不趋附当时的那些达官显贵，他所担任的官职，总是多年得不到提升。自他从太史令上离任后，过了五年，又回到这里。顺帝阳嘉元年，张衡又制造了候风地动仪。这个地动仪是用纯铜铸造的，直径有8尺，上下两部分相合盖住，中央凸起，样子像个大酒樽。外面用篆体文字和山、龟、鸟、兽的图案装饰。内部中央有根粗大的铜柱，铜柱的周围伸出八条滑道，还装置着枢纽，用来拨动机件。外面有八条龙。龙口各含一枚铜丸，龙头下面各有一个蛤蟆，张着嘴巴，准备接住龙口吐出的铜丸。仪器的枢纽和机件制造得很精巧，都隐藏在酒樽形的仪器中，覆盖严密得没有一点缝隙。如果发生地震，仪器外面的龙就震动起来，机关发动，龙口吐出铜丸，下面的蛤蟆就把它接住。铜丸震击的声音清脆响亮，守候机器的人因此得知发生地震的消息。地震发生时只有一条龙的机关发动，另外七个龙头丝毫不动。按照震动的龙头所指的方向去寻找，就能知道地震的方位。用实际发生的地震来检验仪器，彼此完全相符，灵验如神。从古籍的记载中，还看不到曾有这样的仪器。有一次，一条龙的机关发动了，可是洛阳并没有感到地震，京城的学者都责怪它这次没有应验。几天后，驿站上传送文书的人来了，证明果然在陇西地区发生地震，大家这才都叹服地动仪的绝妙。从此以后，朝廷就责成史官根据地动仪记载每次地震发生的方位。

（汉顺帝）永和初年（136），张衡调离京城，担任河间王的相。当时河间王骄横奢侈，不遵守制度法令；又有很多豪族大户，与他们一起胡作非为。张衡上任之后治理严厉，整饬法令制度，暗中探得奸党的姓名，一下子同时逮捕，拘押起来，于是上下敬畏恭顺，称赞政治清明。张衡在河间相位上任职三年，给朝廷上书，请求辞职回家，朝廷任命他为尚书。张衡活了62岁，于永和四年（139）去世。

张衡一生成就卓著，品格高尚，如何取其精又不失于偏，虑及全又不流于繁，写其形又得其神，确要费一番匠心。《张衡传》全文以时间为序，叙其一生；以“善”为纲，统率题材；以“妙”为目，传其精神，因而所写方面多而不杂，事迹富而不乱，文虽简而概括全，仅以700余字就概括张衡62年中善属文、善机巧、善理政等方面，显示了张衡作为文学家、科学家、政治家的才干与成就。

范晔继承了司马迁、班固等人关于史传文写作的传统，并因人取事，因事敷文，形成了自己记写人物传记的特色。

思考寄语

职业的追求常常离不开社会的呼唤和生活的渴求，张衡事业上的成就正是起源于此。张衡幼年时期，家境已经衰落，有时还要靠亲友的接济。正是这种贫困的生活使他能够接触到社会下层的劳动群众和一些生产、生活实际，从而给他后来的科学创造事业带来了积极的影响。创新、求实、奉献、协同……崇高的事业根植于社会的需要，也成长于伟大的精神引领，“有志者，事竟成”，任何人都不可能随随便便成功，都需要付出一生的刻苦钻研，学习当如是，技能的提升与创新亦当如是。

8 “打工皇后”吴士宏的传奇人生

诵读主体

美好的人生从选定方向开始。一旦有了人生方向，即使人生之路荆棘遍布，也无法阻挡一个追梦人前进的脚步。一路风雨兼程，一路跌跌撞撞，几多辛酸几多迷茫，熬过黎明之前至黑至暗的时刻，成功的曙光将会与你不期而遇。站在成功之巅，俯瞰此情此景下的风光，欣喜、傲娇、满足，诸多美好的思绪一股脑儿涌上心头。不由得一声感慨：夫复何求，人生无憾矣。

以上这番话就是吴士宏女士大半辈子的真实写照。因为一次又一次地选对了方向，她才创造了一个又一个的辉煌。

“打工皇后”吴士宏——初中毕业，得过白血病，成为跨国公司总经理，逆风飞扬的人生太精彩。

吴士宏，1963年出生于北京郊区一个贫苦家庭。穷到什么程度呢？一直长到16岁，她都没有穿过一双新鞋子，都是捡姐姐们穿过的旧鞋穿。由于家里穷极了，吴士宏初中毕业后就没有继续读下去，而是参加了工作。从1979年到1983年，她一直在北京椿树医院当护士，把美好的4年时光交给了急诊室。每天下班之后，她总会对着街边昏暗的路灯沉思：“我现在才20岁，难道我这一辈子，就要交给这个毫无生气甚至满足不了温饱的职业？”恰在那个时候，吴士宏得了白血病，资料显示，在长达4年的一次又一次的化疗过程中，她的头发几乎掉光了。

人生能有几回搏，此时不搏待何时？患过一场大病后，吴士宏愈加想要摆脱眼前的窘境，热切盼望着能够脱颖而出。但是，仅仅有想法是不够的，还要付出行动，勇敢地将自己的想法付诸实践，所以她决定提升自己。在后来的一年半里，她对着一台收音机，学完了许国璋英语3年的课程，并通过了高等教育自学英语考试，这些给吴士宏接下来的成功埋下了伏笔。

1985年，IBM公司在北京设立办事处，并开始对外招聘，吴士宏觉得自己应该可以腾飞了，就鼓足勇气，前往面试地点。面试的那一天，她站在长城饭店的玻璃转门外，足足用了5分钟的时间去观察别的应聘者，观摩他们如何从容地步入这扇神奇的大门。吴士宏的这种敬畏感，反映出了她对这份工作的渴望，有种志在必得的潜意识。如她所愿，两轮的笔试和一次口试，吴士宏都顺利通过了。最后，主考官问她：“你会不会打字？”“会！”吴士宏条件反射般地说。“那么你一分钟能打多少？”“您的要求是多少？”主考官说了一个数字，吴士宏马上承诺说可以。实际上，吴士宏从未摸过打字机。面试结束后，她没有一刻的犹豫，飞快地跑了出去，麻溜地找亲友借了170元去买了一台打字机。此后的 周里，她夜以继日地练习打字，以至于练到双手疲乏得连吃饭都拿不住筷子。一分耕耘一分收获，付出总会有回报。一周后，吴士宏竟奇迹般地达到了考官说的那个专业水准。奇怪的是，公司一直没有考她的打字功夫。不管怎么说，吴士宏的传奇从此开始了。

进入IBM后，吴士宏并没有预期的那样欢喜，反而很快陷入了一种进退两难的痛苦中。

那段时间，初入IBM的吴士宏扮演着一个打杂的角色，她的日常工作就是沏茶倒水、打扫卫生，根本不用动脑子。这显然不是吴士宏想要的工作模式。但IBM高额的薪水又让她难以割舍。走也不是，留下来又内心不安，一时间，何去何从她举棋不定。直到有一天，她推着平板车买办公用品回来，被保安拦在大楼门前，还要故意检查她的外企工作证。周围人来来往往，向她投来异样的目光，吴士宏内心充满屈辱，却又无可奈何，只能暗自发誓：“这种日子不会久的，我绝不允许别人再把我拦在任何门外！”此后，她又拿出了之前练习打字的毅力，除了完成领导交给的任务，每天要求自己必须多花6小时在工作和学习上。她像着了魔似的，每天除了正常工作，就是和销售员、客户打交道，研究如何做业务。“不疯魔不成活。”不过短短半年的时间，吴士宏就在同一批聘用者中，第一个做了业务代表。在接下来的5年中，她继续保持着每天比别人多工作学习6小时的节奏。有时凌晨一两点，她还在反思当天的销售过程，有哪些可以改进的地方，睡了五六个小时，她又起来见客户、开会、跑业务……就这样，她成了第一批中国本土经理，又成为第一批去美国本部做战略研究的人。终于，她晋升成为第一个IBM华南区总经理、IBM中国渠道管理总经理。从一个打杂的升到这个岗位，她只用了短短12年。之后，她又先后担任微软（中国）有限公司总经理、TCL副总裁，还被《财富》杂志评为“全球最有影响力的50位女性”之一！

知人论世

从一个默默无名的小护士到闻名商界的“打工皇后”，再到入选全球50位最具影响力商业女性，吴士宏的这一生足够灿烂辉煌。

重温一下她的非凡足迹——

1979—1983年，在北京椿树医院当护士；

1985—1997年，就职于IBM中国公司，历任IBM中国区渠道管理总经理等职务；

1997—1999年，任微软（中国）有限公司总经理，仅用7个月的时间就完成了全年销售额的130%，被媒体称为“打工皇后”；

1999—2002年，任TCL集团常务董事副总裁、IT集团总裁。

目前她专注于企业家、CEO私人教练，情绪能力教练以及私董会教练，还出版了著作《逆风飞飏》以及译著《如何改变世界》《穷人的银行家》《资本主义3.0》等书。

商界功成名就后，如今吴士宏几乎告别了商界，转而向社会公益进发，正如她所说：“公益的领域非常广，会有很多可能。”

阅读鉴赏

时间回溯到20世纪的中国，一位女性的传奇人生正在徐徐展开，文章娓娓道出她跌宕起伏的瑰丽人生。

初中毕业的吴士宏从一位名不见经传的医院小护士，一步一步逆袭成为IBM

中国区经销渠道总经理、微软（中国有限公司）总经理、TCL集团常务董事副总裁。在竞争激烈的商界，从男性密布的国际五百强企业杀出一条血路，交出了一份职场打工者最亮眼的答卷，成了中国IT和互联网发展历程中叱咤风云的人物，激励了无数想要投身于这一行业的年轻人，更开辟了女性职场道路的先河。她就是在商界叱咤风云数十年，被媒体称为“打工皇后”的吴士宏。吴士宏的人生充满了坎坷与辛酸，也充满了自信和坚强。她就像高尔基笔下那只在暴风雨前逆风飞扬的海燕，无畏、无惧，展示着生命的价值。她的人生就是一个与自己不断赛跑、超越自己的强者之路。

所谓强者，不是以和他人做比较的结果来衡量的，而是以他战胜自己所取得的成就来衡量。每个人的最大敌人不是别人而是自己，只有战胜自己，才能超越自己；心中无敌，方能无敌于天下。

真正的强者，都是和自己赛跑！

与自己赛跑是一个艰难的过程。战胜自己比战胜别人更困难，人都有盲点，尤其是看不清自己的缺点，所以人生中最大的敌人通常是自己，只有克服自己的盲点和障碍，才能突破现状，向前迈进。真正的强者，知道自己必须跟自己竞争，而不是和他人。大部分人都喜欢跟别人做比较，考试争第一名，工作争升迁，和别人争，和别人比。适当的竞争是进步的原动力，但若流于逞强好胜，那就不必了。与其和别人比较，不如做个跟自己赛跑的人。和自己赛跑的方法有很多，如列出一张表，把自己想要达到的目标及必须完成的时间写上，在实践工作中和自己的目标相对照，完成了几项，还有多少没有达成，从中感受自己的进步。这样，你就能从点滴的进步和努力中实现和自己的赛跑，不断地向目标靠近，最终成为真正的强者。

吴士宏的成功史，是一部坚强女人不畏困难的奋斗史。她没有被疾病吓倒，没有被学习中的困难累倒，她用自信和坚毅与自己赛跑，从中领悟超越自我的含义。

思考寄语

历尽千帆后，回归本真；千锤万击后，涅槃重生；顺风兮，逆风兮，都无阻吴士宏飞扬。有登顶高峰的辉煌岁月，也有坠落深渊的沉默时刻，无论顺境逆境，她都靠着身上的这股韧劲和闯劲翻越了人生一个又一个的“山丘”。正如鲁豫所说：“所谓逆风翻盘，所谓折戟沉沙，对吴士宏来说都是未完待续……”回首过往，吴士宏又会怎样评价自己所经历的一切呢？她这辈子做过最疯狂的事是什么？

“我从小就自卑，除了自卑地活着，我一无所有。”吴士宏说。

她说："如果说是什么促使我往上走，那就是这种来自自卑的不断刺激，当时就像不断有鞭子抽打着我，那样一种痛，一种触及心底、层层包裹下的自卑和尊严的纠结，对我的刺激力量是如此强大，我后来花了几年时间才克服并超越了这种自卑。自卑之后，才有了升华，而有了自信，可以促使你做更多的事情。"强者征服今天，懦夫哀叹昨天，懒汉坐等明天！

自卑可以像一座大山把人压倒而让你永远沉默，也可以像推进器一样产生强大的动力。在自卑的不断刺激下，吴士宏就像被鞭子抽打着努力地往上走。吴士宏说："我不能停，一步都不能停。"回忆起曾经充满痛苦与艰辛的奋斗历程，吴士宏说："不管多难，我得熬过来，因为我没有退路。"

懦夫把困难举在头顶，英雄把困难踩在脚下。

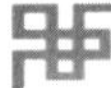

9 大学·中庸（第一章）（节选）

诵读主体

大学之道，在明明德，在亲民，在止于至善。知止而后有定，定而后能静，静而后能安，安而后能虑，虑而后能得。物有本末，事有终始。知所先后，则近道矣。

古之欲明明德于天下者，先治其国；欲治其国者，先齐其家；欲齐其家者，先修其身；欲修其身者，先正其心；欲正其心者，先诚其意；欲诚其意者，先致其知；致知在格物。

物格而后知至，知至而后意诚，意诚而后心正，心正而后身修，身修而后家齐，家齐而后国治，国治而后天下平。

知人论世

《大学·中庸》是将《大学》和《中庸》编在一起的一部书，由李春尧译注。首次将《大学》和《中庸》编在一起的是南宋学者朱熹。这本书，通过对古典名著《大学》和《中庸》的解读、注音、注释和翻译等，让广大的读者能够在阅读过程中减少一些学习古代经典的障碍，在较短的时间里穿透深邃的历史时空，和古人的心灵相接、相励。

阅读鉴赏

译文：

大学的道理，在于使光明正大的德性得以显现，使民众弃旧向新，使人的道德达到最完善的境界。知道了所应达到的境界就能志向坚定，志向坚定就能心不妄动，心不妄动就能性情安稳，性情安稳就能认真思考，认真思考就能有所收获。每样东西都有根本和末节，每件事都有开始和终结。知道了本末始终的先后次序，就接近事物本来的道理了。

古代那些想要在天下彰显光明德性的人，先要治理好自己的国家；想要治理好自己的国家，先要治理好自己的家庭；想要治理好自己的家庭，先要修养好自己的品行；想要修养好自己的品行，先要端正自己的心思；想要端正自己的心思，先要使自己的意念真诚；想要使自己的意念真诚，先要使自己获得知识；获得知识的途径在于穷尽万事万物的道理。

穷尽了万事万物的道理，才能获得知识，获得了知识才能使自己意念真诚，意念真诚才能使心思端正，心思端正才能修养好品行，修养好品行才能治理好家庭，治理好家庭才能治理好国家，治理好国家才能使天下太平。

《大学》讲的是治国平天下的学问，但是它也将人的精神弘扬和品德修养置于首位。所选第一章开头指出“大学之道”的三种境界：“明德”“亲民”“止于至善”，要达到这三种境界的途径在于知止、定、静、安、虑、得。第二、三段重点强调明德文化，指出明德文化的途径，分别是治国、齐家、修身、正心、诚意、致知、格物、平天下。这里，“修身”是明德文化的起点，是根本与关键：治国、齐家、平天下，必须以修身为基础和前提；正心、诚意、致知、格物，其目的在于修身。“修身”处于最关键的地位，处于枢纽的位置。修身就是关注自我，认识自我，审视自我，完善、发展自我，以修身为本就是将培育完善、发展自我的自觉性置于重要的地位，也正因为“修身”思想的重要，每个个体自强不息的、内在的精神生命力才能够持续增强。

思考寄语

明德，释为光明之德、美德。在新时代新起点上，我们更加需要培育高尚人格，坚定理想信念，秉承明德传统文化，铸炼思想，彰显人文，从修身做起，踔厉奋发，笃行不怠。

格物，即穷究事物的道理，其需要落实到日日工作与学习的实践之中。职业的发展，离不开从明德文化中汲取道德情怀与力量，离不开积极参与丰富多彩、富有特色的实践活动。只有在潜移默化中形成良好的道德素养与行为习惯，才能不断在信仰、情怀与担当中淬炼出高远的事业追求和深沉的家国情怀。

10 晋书·傅玄传（节选）

诵读主体

傅玄，字休奕，北地泥阳人也……玄少孤贫，博学善属文，解钟律。性刚劲亮直，不能容人之短。郡上计吏再举孝廉，太尉辟，皆不就。州举秀才，除郎中……

帝初即位，广纳直言，开不讳之路，玄及散骑常侍皇甫陶共掌谏职……初，玄进皇甫陶，及入而抵，玄以事与陶争，言喧哗，为有司所奏，二人竟坐免官……（泰始）五年，迁太仆。时比年不登，羌胡扰边，诏公卿会议。玄应对所问，陈事切直，虽不尽施行，而常见优容。转司隶校尉。

献皇后崩于弘训宫，设丧位。旧制，司隶于端门外坐，在诸卿上，绝席。其入殿，按本品秩在诸卿下，以次坐，不绝席。而谒者以弘训宫为殿内，制玄位在卿下。玄恚怒，厉声色而责谒者。谒者妄称尚书所处，玄对百僚而骂尚书以下。御史中丞庾纯奏玄不敬，玄又自表不以实，坐免官。然玄天性峻急，不能有所容；每有奏劾，或值日暮，捧白简，整簪带，竦踊不寐，坐而待旦。于是贵游慑伏，台阁生风。寻卒于家，时年六十二，谥曰刚……其后追封清泉侯。

知人论世

傅玄（217—278），魏晋时期名臣及文学家、思想家。出生于北地傅氏。少年随父逃难河内郡，专心经学，开始撰写《傅子》等书，后虽显贵，而著述不废。任内颇为称职，曾数次上书，陈说治国之策，提出了有名的“五条政见”。泰始五年（269），因当众责骂谒者及尚书被劾免。咸宁四年（278），傅玄去世，年六十二，谥号刚。后追封清泉侯。

《晋书》是“二十四史”之一，该书记载的历史，上起于东汉末年司马懿早年，下至东晋恭帝元熙二年（420）刘裕废晋帝自立，以宋代晋。

中国自唐太宗时开始设馆修史，修成六部正史，《晋书》便是其中的第一部。李世民统治时期所修的前代史书，在晋书之外，还有梁、陈、北齐、周、隋五代史，何以李世民偏要选择晋书来写史论呢？这主要是因为西晋是个统一的王朝，它结束了三国时期几十年的分裂局面。然而它的统一又是短暂的，不久就发生了中原地区的大混战，此后便形成了东晋和十六国、南朝和北朝的长期对立。李世民作为统一的唐朝的创业之君，很想对晋朝的治乱兴亡进行一番探索，作为借鉴。

阅读鉴赏

译文：

傅玄字休奕，北地泥阳（今陕西铜川耀州区东南）人。傅玄少时孤苦贫寒，博学而善于写文章，懂得乐律。性格刚强正直，不能容忍别人的短处。郡里任其为计吏，两次推举为孝廉，太尉征召，都不就任。参加州考中了秀才，任郎中。

武帝刚即位，广泛采纳直言，开通不忌讳的言路，傅玄跟散骑常侍皇甫陶共同掌管谏官之职。当初，傅玄推荐皇甫陶，等到入朝后两人就有了抵触，傅玄因政事与皇甫陶争执，争吵声喧哗，被有司陈奏，两人都获罪免官。泰始五年（269），任太仆。当时连年五谷不登，西羌胡人骚扰边境，皇帝下诏让公卿讨论。傅玄应答皇帝所问，陈述事理恳切率直，虽没有全部施行，但时常被宽容。转任司隶校尉。

献皇后在弘训宫驾崩，设立祭丧的位置。按旧制，司隶应在端门外面就座，在众卿之上，独坐一席。进入宫殿，按本品的官秩在众卿之下，按次序坐，不单独设席。而谒者认为弘训宫是在殿内，把傅玄的位置设在卿位之下。傅玄大怒，大声呵斥谒者。谒者假称是尚书安排的，傅玄面对百官大骂尚书并下了席。御史中丞庾纯上奏傅玄不敬，傅玄自己上表又不据实情，因此获罪免职。然而傅玄天性严峻急躁，遇事不能有所宽容；每次有奏疏检举，或遇天晚，便手捧奏章，整饬冠带，焦躁不安地不睡觉，坐着等天亮。于是那些王公贵族都对他感到畏惧屈服，使得台阁之间风气清廉。傅玄不久死在家中，享年六十二岁，谥号刚。后来追封为清泉侯。

《傅玄传》节选部分选取了傅玄幼年性格、为官仕途等典型材料，通过对人物动作、神态等的正面描写和他人“贵游慑伏，台阁生风”的侧面反应，处处凸显傅玄刚强正直的为人之道。作为官员的傅玄在处理政事时，不畏权势，直言进谏，即使与自己亲自推荐为官的黄甫陶政见不合，也不以私交为先，直接争执，不偏不倚。傅玄应答皇帝所问时，敢于直陈事理，恳切率直，刚正不阿。也正是因为他的刚直是出于对公事的责任，所以虽有冒犯，也时常得到皇帝的宽容。

思考寄语

傅玄少时虽家境贫寒，但是博学善写，精通音律，其刚劲亮直的性格特点尤被人所赞颂。他直言敢谏，为官清廉，开启了朝堂良好的风气。然而，不能容人之短，就容易遭遇较大的挫折。“海纳百川，有容乃大”，刚直的性格固然令人钦佩，但若要做好事情，不可急于一时之愤，而是静然处之、徐徐图之，那么世事洞明、人情练达之下的正直也不失为一条长久之路。正如同样是流水，瀑布固然可以因争先而具有磅礴之力，但涓涓不绝之流也可以拥有撼动山川的绵延力量。

11 做焦裕禄式的县委书记（节选）

诵读主体

焦裕禄同志生活简朴、勤俭办事，总是吃苦在前、享受在后。他的衣、帽、鞋、袜都是拆洗多次，补了又补、缝了又缝。他严守党纪党规，从不利用手中权力为自己和亲属谋好处。他亲自起草《干部十不准》，对干部廉洁自律作出具体规定。昨天，在焦裕禄同志纪念馆的《干部十不准》展板前，我又仔细看一下，觉得他是真正抓规矩，非常有针对性。所以，我们的规定不要搞得花花绿绿的，措辞很漂亮，但内容空洞。《干部十不准》除了规定“一律不准送戏票”外，还规定“十排以前戏票都不能光卖给机关”，就是说好票要留一些给群众。他无意间听到儿子因认识售票员看戏未买票，便教育儿子不能搞特殊“看白戏”，并立即拿出钱叫儿子到戏院补票。这样的严于律己、洁身自好，生动体现了他对从严治党的自觉。

——习近平总书记《在河南省兰考县委常委扩大会议上的讲话》

知人论世

焦裕禄（1922—1964），山东淄博博山县北崮山村人，原兰考县委书记，干部楷模，革命烈士。在兰考县担任县委书记时所表现出来的“亲民爱民、艰苦奋斗、科学求实、迎难而上、无私奉献”的精神，被后人称为“焦裕禄精神”。

1922年8月16日，焦裕禄出生在一个贫苦家庭，1946年加入中国共产党，1950年，被任命为尉氏县大营区委副书记兼区长，1954年8月相继在哈尔滨工业大学、大连起重机厂机械加工车间进修，1962年被调到河南省兰考县担任县委书记，1964年5月14日因肝癌病逝于郑州，终年42岁。

兰考县的干部群众在焦裕禄精神的鼓舞下，兰考三害“内涝、风沙、盐碱”得到有效治理。焦裕禄带领群众为了防风固沙栽种的泡桐树，已培植成了河南的一个特色产业。

焦裕禄任职期间克己奉公，勤劳为人民，为广大干部作出了榜样。

焦裕禄严于律己，是艰苦朴素的典范，他常年穿的是打着补丁的衣服，用来抵抗严寒的是一件军大衣，吃的是窝窝头、小咸菜。作为人民的公仆，焦裕禄不拿人民一针一线，自己过着非常艰苦的生活，给人民做好了榜样。在下乡救灾治涝的数月艰苦奔波中，他总是自己准备干粮，冒着瓢泼大雨，拿一把雨伞，和群众一起抵抗洪水，探流沙，查风口。他为百姓操碎了心，却不顾及自身的疾病。每当肝病发作，疼痛难忍时，他就采取独特的治疗方法——用茶缸、抽屉等物件顶住自己疼痛的部位，为的是不那么痛苦，以专心做自己的事情。这是怎样的一位好干部，他拥有如此坚强的意志，不是一般人可以比拟的。他始终与群众生活在一起，也是广大共产党人的典范，不害怕去最艰苦的地方。他不会考虑自己的成败，考虑的都是老百姓的得失，不会因为想要当官发财就编造一些政绩，在他身上体现了一个共产党员的风采：不怕艰难困苦、不畏流血牺牲的锐意进取、廉洁奉公的高贵品质！

他任职的地方是比较荒凉的兰考县，黄沙遍地，还有许多盐碱地，但是焦裕禄同志并不惧怕这些，他带领人民抗风沙、战盐碱、堵风口。一开始许多老百姓并不相信他能够改变这片荒芜之地，但是焦裕禄说："不改变兰考的面貌，我决不离开这里。"这是怎样的一片豪情壮志。

习近平多次讲述过焦裕禄的故事，他被焦裕禄精神所感动："1966年2月7日，《人民日报》刊登了穆青等同志的长篇通讯《县委书记的榜样——焦裕禄》，我当时上初中一年级，政治课老师在念这篇通讯的过程中多次泣不成声。特别是念到焦裕禄同志肝癌晚期仍坚持工作，用一根棍子顶着肝部，藤椅右边被顶出一个大窟窿时，我受到深深震撼……"

焦裕禄成了未来所有为官参政者学习的优秀楷模，焦裕禄精神感召、鼓舞了一代又一代党员干部和普通群众，焦裕禄精神成为我国为官参政者最基本的道德坚守，习近平总书记倡导坚持把开展党的群众路线教育实践活动与学习弘扬焦裕禄精神紧密结合起来。

2021年，党中央批准了中央宣传部梳理的第一批纳入中国共产党人精神谱系的伟大精神，在中华人民共和国成立72周年之际予以发布，其中就包括焦裕禄精神。

阅读鉴赏

焦裕禄，1922年8月出生于山东淄博的一个贫苦家庭，1945年主动要求当上民兵，1946年加入中国共产党，1948年随工作队南下，1962年调到河南兰考县，出任兰考县委书记。一件件感人的事迹使我们看到了焦裕禄同志作为人民的好干部，为党和人民的事业恪尽职守、鞠躬尽瘁、死而后已的光辉形象。他的故事已经深深地烙进了人民的心中，他的事迹感动了整整两代人！几十年风雨变迁，几十年沧海桑田，中华大地却依然记着焦裕禄这样一位共产党人的名字。

德高莫过于爱民，行高莫过于利民。焦裕禄曾说："我就是浑身是铁，能打多少钉""共产党员应该在群众最困难的时候，出现在群众的面前"。焦裕禄果断地"树立典型、以点带面"，摸情况、想办法，大胆地试、勇敢地改，苦干、大干加巧干，下活了兰考人民治理三害的全盘棋，满足了当地人民对美好生活的向往和需求。从这个意义上说，一方面，是焦裕禄以其短暂的人生成就了兰考36万人民；另一方面，也是兰考36万人民以其艰苦奋斗成就了焦裕禄和焦裕禄精神。焦裕禄经常说："一个共产党员要密切联系群众，做群众的知心朋友，要帮助群众进步，首先要有一颗对党、对阶级兄弟的赤诚忠心，不能有任何私心杂念。有了私心就会忘掉党性，人也会变得自私起来，听不到群众的心声，摸不到群众的脉搏。"也就是说，只有心中始终保有人世间最实、最真、最暖的真情，超脱出个人、小圈子和小利益集团的局限，才能在对党员干部和人民群众之间关系的精准定位上获得为人民服务的"真知"，从而为开展好工作奠定坚实的基础。

思考寄语

岁月褪去了藤椅的颜色，却洗不去人们对焦裕禄的思念；病魔夺走了一个共产党人的生命，却磨不灭激荡在他血液里的英雄气概和奋斗精神。

"把好票留给群众"的焦裕禄，不仅给兰考人民创造了宝贵的物质财富，更给党和人民留下了宝贵的精神财富——焦裕禄精神。《干部十不准》是焦裕禄以身作则、严于律己、洁身自好的最好体现。亲民爱民、艰苦奋斗、科学求实、迎难而上、无私奉献是焦裕禄精神的内涵。焦裕禄同志始终保持的革命战争中的那么一股劲，那么一种革命热情，那么一种拼命精神，永远激励着我们前进。

焦裕禄的境界是一个共产党人的崇高境界，支撑他的是革命理想与信念。体现了一个中国共产党人将至真、至善、至美的人生大道融合到日常工作和生活的点滴之中，运用到实际工作中，真正做到“知行合一”，牢记党员的初心与使命，不断提高个人修养和实践能力，以实际行动塑造了一个优秀共产党员的光辉形象，铸就了一种永恒定格的宝贵精神财富。

12 不龟手之药

诵读主体

惠子谓庄子曰：“魏王贻我大瓠之种，我树之成而实五石。以盛水浆，其坚不能自举也；剖之以为瓢，则瓠落无所容。非不呺然大也，吾为其无用而掊之。”庄子曰：“夫子固拙于用大矣！宋人有善为不龟手之药者，世世以洴澼絖为事。客闻之，请买其方百金。聚族而谋曰：‘我世世为洴澼絖，不过数金。今一朝而鬻技百金，请与之。’客得之，以说吴王。越有难，吴王使之将。冬，与越人水战，大败越人，裂地而封之。能不龟手一也，或以封，或不免于洴澼絖，则所用之异也。今子有五石之瓠，何不虑以为大樽而浮乎江湖，而忧其瓠落无所容？则夫子犹有蓬之心也夫。”

知人论世

详见本册《运斤成风》的“知人论世”部分。

阅读鉴赏

译文：

惠子对庄子说："魏王送给我葫芦的种子，我把它种到成熟，结成的葫芦很大，有五石的容积。用来盛水和饮料，它的坚硬程度却禁不起举。剖开来作瓢，却因太大而没有适于它容纳的东西。不是它不够大，而是因为它没有用处，所以我把它打破了。"庄子说："你实在是不善于利用大的东西。宋国有一个善于制作防止皮肤冻裂的药的人，祖祖辈辈以在水中漂洗绵絮为业。有人听说了，就请求用百金买他的药方。全家族的人集中在一起商议道：'我们世世代代漂洗绵絮，收入不过几金。现在卖药方一下子可以得到百金，就卖给他吧。'那人得了药方，便用它去说服吴王。越国来侵犯吴国，吴王让他统率军队。冬天和越军进行水战，把越军打得大败。吴王便将一块土地封赏给他。能不使手裂开的药是一样的，有的人靠它得到封赏，而有的人却免不了漂洗绵絮的辛劳，就是因为用途不同。现在你有五石容量的葫芦，为什么不考虑把它作为腰舟而浮游于江湖之上，反而担忧它大得无处可容，可见你的心如蓬草一样屈曲不通啊！"

这篇文章出自《庄子·内篇·逍遥游》，通过惠子与庄子的对话反映了庄子深邃的人生智慧。世上万物都是有用的，或小用，或大用，全在用者的把握调度之中。用者见识高，则物尽其才；用者见识浅，则物隐其才。同是一物，其用则有天壤之别。天下事也是一样，天既生人，则人人皆才。

思考寄语

世界上的事物，本来就没有大小和好坏之分，一个人智量大、见地高、境界高，就能把一个不相干的小事情发挥出最大效力。这篇寓言说明：同样的东西用在不同的地方，其效果大不一样。对待事物，要主动探究事理，用善于发现的眼睛探索事物最大的价值。李白也说：天生我材必有用。每一人、每一物品都有其存在的价值，只有善于发现，正确使用激励，才能"物尽其用，人尽其才"，发挥最大的能量。

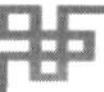

13 曾国藩家书（节选）

诵读主体

修身语录

1. 天地之道，刚柔互用，不可偏废，太柔则靡，太刚则折。
2. 同一境而登山者独见其远，乘城者独觉其旷，此“高明”之说也。
3. 留一分余地，可回转自如。不留余地，则易失之于刚，错而无救。
4. 有求于上，委婉而言，颇得实惠，步步高升。
5. 君子临大难而不惧，视白刃若无也。
6. 邻里乡亲，万不可造成仇隙，凡事必以忍让为怀！
7. 昏惰任下者败，傲狠妄为者败，贪鄙无忌者败，反复多诈者败。

知人论世

详见本册《勤俭成大业》的“知人论世”部分。

阅读鉴赏

曾国藩认为最重要的就是要坚持在家庭成员中人人孝悌的原则。孝容易理解，就是对父母、对长辈的感恩、尊敬与赡养。悌是指兄弟之间和睦友爱，也就是同辈之间的融洽与和谐。在《曾国藩家书》里，一般都以为他给孩子写的信最多，事实上他写给弟弟的信才是最多的，可见他对兄弟之间关系的重视。曾国藩有段著名的评论，说的是家庭兴旺的规律：天下官宦之家，一般只传一代就萧条了，因为大多是纨绔子弟；商贾之家，也就是如今民营企业家的家庭，一般可传三代；耕读之家，也就是以治农与读书为根本的家庭，一般可兴旺五六代；而孝友之家，就是讲究孝悌、以和治家的家庭，往往可以绵延十代、八代。

《曾国藩家书》共收录家书435通，其中《与祖父书》14通，《与父母书》48通，《与叔父书》9通，《与弟书》249通，《教子书》115通，另附《致夫人书》《教侄书》等7通，内容包括修身养性、为人处世、交友识人、持家教子、治军从政等，上自祖父母至父辈，中对诸弟，下及儿辈。

《曾国藩家书》是研究曾国藩和清朝社会末期的重要资料。曾国藩继桐城派之后，溯源经史，别立湘乡派，行文镇定，形式自由，于点点滴滴的真实生活中见真情、蕴良知，充分体现了他“道德文章冠冕一代”的称誉。

曾国藩年轻的时候，为人很轻浮，身上也有不少坏毛病。他经常在日记中痛骂自己，还说“不为圣贤，便为禽兽”。最终，曾国藩在良师益友的督促下，给自己专门制定了“修身十二条款”，此时的他刚刚满30岁。曾国藩的这几条关于“修身”的语录，言简意赅，值得我们学习借鉴。

思考寄语

正家风是中华民族的传统美德。习近平总书记指出：“不论时代发生多大变化，不论生活格局发生多大变化，我们都要重视家庭建设，注重家庭、注重家教、注重家风。”家风是一个家族代代相传沿袭下来的，体现家族成员精神风貌、道德品质、审美格调和整体气质的家族文化风格。良好的家风是一本既多彩又鲜活的教科书，能够以耳濡目染和潜移默化的方式影响他人。家风好，就能家道兴盛、和顺美满；家风差，难免殃及子孙、贻害社会。

家风似玉，连城之璧；家风若字，翰墨留香。还记得法国著名作家罗曼·罗兰曾经说过一句话：“生命不是一个可以孤立成长的个体。它一面成长，一面收集沿途的繁花茂叶……环境给一个人的影响，除有形的模仿以外，更重要的是无形的塑造。”一个家庭或者家族，可以没有显赫的家世、殷厚的财富，但不能没有良好的家风。

14 差　别

诵读主体

两个同龄的年轻人同时受雇于一家店铺，并且拿同样的薪水。

可是一段时间后，叫阿诺德的那个小伙子青云直上，而那个叫布鲁诺的小伙子却仍在原地踏步。布鲁诺很不满意老板的不公正待遇。终于有一天他到老板那儿发牢骚了。老板一边耐心地听着他的抱怨，一边在心里盘算着怎样向他解释清楚他和阿诺德之间的差别。

“布鲁诺先生，”老板开口说话了，“您现在到集市上去一下，看看今天早上有什么卖的。”

布鲁诺从集市上回来向老板汇报说，今早集市上只有一个农民拉了一车土豆在卖。

“有多少？”老板问。

布鲁诺赶快戴上帽子又跑到集上，然后回来告诉老板一共四十袋土豆。

“价格是多少？”

布鲁诺又第三次跑到集上问来了价格。

“好吧，”老板对他说，“现在请您坐到这把椅子上一句话也不要说，看看阿诺德怎么说。”

阿诺德很快就从集市上回来了。向老板汇报说到现在为止只有一个农民在卖土豆，一共四十口袋，价格是多少多少；土豆质量很不错，他带回来一个让老板看看。这个农民一个钟头以后还会弄来几箱西红柿，据他看价格非常公道。昨天他们铺子的西红柿卖得很快，库存已经不多了。他想这么便宜的西红柿，老板肯定会要进一些的，所以他不仅带回了一个西红柿做样品，而且把那个农民也带来了，他现在正在外面等回话呢。

此时老板转向了布鲁诺，说：“现在您肯定知道为什么阿诺德的薪水比您高了吧！”

知人论世

这篇文章节选自张健鹏、胡足青主编的《故事时代》中的《差别》一文，《故事时代》于2006年1月1日由当代世界出版社出版。它在序言中写道：“繁忙紧张的现代人忙碌着一项项大事业，那些美丽的故事蒙着灰尘静静地躺在脑海深处。直到有一天，他们抱着自己的小宝宝，才想起去买本童话书，给孩子们讲故事。真的只有孩子们才需要故事吗？有许多故事很精彩，可惜太长；有许多故事很精彩，但已流传甚广，本书只好对其割爱，力图为朋友们献上一份精美新鲜的小快餐，滴水藏海，小中见大。在轻松的阅读中，有一份新鲜的感觉，愉悦的享受，不知不觉中，为自己点一盏心灯。慢慢去读吧，慢慢去做吧，我的朋友，不要让智慧消化不良，融入血液的营养才是真正的收获。”

《故事时代》通过一篇篇小故事，告诉你一个个人生哲理，给予你人生的启示。本文还被选为《普通话水平测试》作品朗读第2号，被许多人熟知。

阅读鉴赏

《差别》讲述了一个富有哲理性的故事，篇幅短小但含义深刻，故事中的主人公阿诺德和布鲁诺同样受雇于一家店铺，刚开始他俩拿同样的薪水，后来阿诺德“青云直上”，而布鲁诺则“原地踏步”，布鲁诺不满老板的不公平待遇，跑到老板那里发牢骚，老板听后让两人分头去了解集市情况。结果是布鲁诺跑了三次得到的信息，阿诺德一次就得到了，还带来了更多有利的相关信息。文章结构严谨，丝丝入扣，具有较强的逻辑性。作者运用对比的手法，凸显了两个年轻人不同的性格特征和办事风格：阿诺德处事谨慎，做事周密，主动性强，并且处事灵活，懂得变通；布鲁诺墨守成规，做事情缺乏主见，没有远见卓识，不能预见事态的发展进而做出更好的处理决定。两人最主要的差别在于人生定位不同，当今社会充满竞争，也充满了机遇，我们应学会如何增长自己的智慧和才干，以应对竞争，把握机遇。

思考寄语

在现实生活中不要老是抱怨什么，而应当多找找自己与别人的差别。只有认识到与别人的差别，才能真正地认识自己、提高自己。在职场中被动地完成别人布置的任务是不够的，还需要主动思考，缜密思维。只有改变思维方式和行为方式，并学会举一反三，才会进步。如果现在在学习上多动脑筋想问题，那么成绩就会提高；如果将来在工作上多动脑、多思考，在职场中才能真正做出成绩，获得成功。

15 成功的花

诵读主体

成功的花，
人们只惊羡她现时的明艳！
然而当初她的芽儿，
浸透了奋斗的泪泉，
洒遍了牺牲的血雨。

知人论世

冰心（1900—1999），女，原名谢婉莹，福建省福州市长乐区人，中国民主促进会（民进）成员，中国诗人，现代作家、翻译家、儿童文学作家、社会活动家、散文家。笔名冰心取自“一片冰心在玉壶”。

阅读鉴赏

“明艳”是指色彩鲜明、艳丽。“明艳”一词，形象生动地说明、突出了花的“成功”；而“惊羡”一词用在这里比“羡慕”多了一层惊叹的意思，从而更衬托出成功之花的明艳美丽。

不管是艳丽的鲜花还是其他成果，当别人亮出自己辉煌的成功时，确实是令人羡慕的、欣赏的，但其背后的艰辛是不是每个人都能明白呢？作者用惊叹号抒发了对人们仅仅懂得惊叹、羡慕别人的成功而看不到别人在成功背后所付出的艰辛劳动的感慨。

“然而”一词承接了“只”字，自然地转折，开启了后面的思维：追溯成功的历程。花之所以成功，并不是生来就有的，而是它还在小芽儿的时候，就已经开始努力奋斗了，到成为今天的明艳的花儿，一路上浸透了辛酸乃至痛苦的无尽泪水，洒遍了鲜红的血泪，甚至付出了牺牲的代价。一句话，“成功的花”是血与泪滋润的结晶，是奋斗与牺牲孕育的蓓蕾。只有经历这样的一种洗礼，才会有花“现时”的明艳，即花的成功。作者将“现时”与“当初”对比，将“奋斗”“牺牲”与“成功”关联、“泪泉”“血雨”与“明艳”关联，更加突出了花成功的不易。

“花”指的是人，“芽儿”指的是未成功之前，“泪泉”是指付出的努力，“血雨”是指道路上的艰辛。诗人想告诉我们的是：不要只看到成功者无比荣耀的一瞬间，还要看到成功者为之努力、为之奋斗的过程，从而激励自己也积极地付出，奔着那个成功的目标奋进。

漂亮的花，人们都只是惊叹、羡慕它开花时的美丽，并没有意识到它还在芽儿的时候，经历了多少艰苦的奋斗和巨大的牺牲。现实生活中，人们往往只看到辉煌的结果，而忽视了辉煌结果后面所隐含的艰辛过程；好多人也只想得到辉煌的结果而不愿付出艰辛的劳动。都说台上一分钟，台下十年功；不经历风雨，怎能见彩虹。要想取得辉煌的成就，必须付出比常人更多、更辛苦的努力和劳动。我们不要只是羡慕别人的成绩或荣誉，还应该多了解别人的付出和艰辛。如果我们能注重过程，在自己的岗位上尽职尽责，做好分内的每一件事，我们也能取得很好的成绩，成为别人羡慕的对象。

思考寄语

不要只看到别人的成功，不要仅惊羡别人的荣誉，我们要了解蕴含在这些成功和荣誉中的艰苦努力。花的奋斗和牺牲精神，正是它成功的营养与动力，人的成长、成功不也如此吗？

人生路上充满着探索的艰辛，只有做到遇到困难不气馁，遇到挫折不放弃才能不断克服学习、生活、工作中的各种困难，得以前进。作为新时代的职校生，我们更应有家国担当，时刻提醒自己要在学习的道路上拼搏奋斗、砥砺前行！

16 抽思（节选）

诵读主体

望三五以为像兮，指彭咸以为仪。
夫何极而不至兮，故远闻而难亏。
善不由外来兮，名不可以虚作。
孰无施而有报兮，孰不实而有获？

知人论世

详见本册《卜居》的“知人论世”部分。

阅读鉴赏

译文：

愿以三王五霸作为你的榜样，愿以彭咸作为我自己的典范。我们一切都要做到尽善尽美，普天下都要传遍我们的名声。善行要靠自己努力，不从外来，名声要与实际相符，不要虚假。哪有不给予的而能得到酬报？哪有不种瓜的而能够得到瓜？

依王逸《楚辞章句》的次序，《抽思》为《九章》的第四篇。它是一篇抒情诗。诗中作者回忆自己向楚王建议革新政治，遭受谗害而被放逐的情况。“抽思”的“抽”是理出头绪加以陈述之意。清王夫之《楚辞通释》解释说：“抽，绎也。思，情也。”王萌《楚辞评注》说：“抽思者，心绪万端，抽而出之，以陈于君也。”“抽思”即把自己的忧思、思绪抒写出来。诗人丰富复杂的情感是随着诗章的逐步展开而渐次委婉吐露的。

“望三五以为像兮，指彭咸以为仪”，“善不由外来兮，名不可以虚作”，这两句的一番表露，既是真诚的内心剖白，也是富有哲理的警句，使诗章在缠绵深沉中透出了理性色彩。诗人既向君王表明了自己的忠心又告诫君王想要成为一个杰出的领导者，要有自己的思想，不轻信“小人”，而要听取民众的意见，不断地改善自己，做一个诚实、言行合一的人，这样才能受到大家的敬重与爱戴。此暗含了诗人细腻真切的怨愤之情及对国事的担忧。

屈原在诗中表达了对彭咸大夫的仰慕之情。彭咸，相传为彭祖第三十四代裔孙，胸怀大志、刚正不阿、不从流俗，在殷商末之际为殷商朝臣贤大夫。他是殷朝耿介之士，直谏商王不听，不得其志，以投江自尽表示抗议，被后世列为人臣的楷模。仅《离骚》《思美人》《悲回风》《抽思》四篇作品中便有七次提到“彭咸”，屈原以彭咸为榜样，在政治斗争中坚持理想、宁死不屈、追求真理。

思考寄语

屈原深厚执着的爱国热情和对现实大胆批判的精神，成为后世所信奉和传承的一种民族精神。“志不求易，事不避难。”人若有志，万事可为。当代青年，应信念坚定、担当作为、知难而进，努力成为可堪大用、能担重任的栋梁之材。

17 触龙说赵太后

诵读主体

赵太后新用事，秦急攻之。赵氏求救于齐，齐曰："必以长安君为质，兵乃出。"太后不肯，大臣强谏。太后明谓左右："有复言令长安君为质者，老妇必唾其面。"

左师触龙言：愿见太后。太后盛气而揖之。入而徐趋，至而自谢，曰："老臣病足，曾不能疾走，不得见久矣，窃自恕。恐太后玉体之有所郄也，故愿望见太后。"太后曰："老妇恃辇而行。"曰："日食饮得无衰乎？"曰："恃粥耳。"曰："老臣今者殊不欲食，乃自强步，日三四里，少益耆食，和于身。"太后曰："老妇不能。"太后之色少解。

左师公曰："老臣贱息舒祺，最少，不肖；而臣衰，窃爱怜之。愿令得补黑衣之数，以卫王宫，没死以闻。"太后曰："敬诺。年几何矣？"对曰："十五岁矣。虽少，愿及未填沟壑而托之。"太后曰："丈夫亦爱怜其少子乎？"对曰："甚于妇人。"太后笑曰："妇人异甚。"对曰："老臣窃以为媪之爱燕后贤于长安君。"曰："君过矣！不若长安君之甚。"左师公曰："父母之爱子，则为之计深远。媪之送燕后也，持其踵为之泣，念悲其远也，亦哀之矣。已行，非弗思也，祭祀必祝之，祝曰：'必勿使反。'岂非计久长，有子孙相继为王也哉？"太后曰："然。"

左师公曰："今三世以前，至于赵之为赵，赵王之子孙侯者，其继有在者乎？"曰："无有。"曰："微独赵，诸侯有在者乎？"曰："老妇不闻也。""此其近者祸及身，远者及其子孙。岂人主之子孙则必不善哉？位尊而无功，奉厚而无劳，而挟重器多也。今媪尊长安君之位，而封以膏腴之地，多予之重器，而不及今令有功于国。一旦山陵崩，长安君何以自托于赵？老臣以媪为长安君计短也，故以为其爱不若燕后。"太后曰："诺，恣君之所使之。"

于是为长安君约车百乘，质于齐，齐兵乃出。

子义闻之曰："人主之子也、骨肉之亲也，犹不能恃无功之尊、无劳之奉，而守金玉之重也，而况人臣乎！"

知人论世

刘向（前77—前6），原名刘更生，字子政，沛郡丰邑（今江苏徐州）人。汉朝宗室大臣、文学家，经学家刘歆的父亲，中国目录学鼻祖。

以门荫入仕，起家辇郎。汉宣帝时，授谏大夫、给事中。汉元帝即位，授宗正卿。因反对宦官弘恭、石显，坐罪下狱，免为庶人。汉成帝即位后，出任光禄大夫，改名为"向"，官至中垒校尉，世称刘中垒。建平元年去世，时年72岁。

曾奉命领校秘书，所撰《别录》，是我国最早的图书分类目录。今存《新序》《说苑》《列女传》《战国策》《五经通义》。编订《楚辞》，联合儿子刘歆共同编订《山海经》。散文主要是奏疏和校雠古书的"叙录"，较有名的有《谏营昌陵疏》和《战国策·叙录》，以叙事简约、理论畅达、舒缓平易为主要特色，作品收录于《刘子政集》。

阅读鉴赏

赵太后：即赵威后。公元前266年，赵惠文王卒，因其子孝成王年幼，故由威后执政。用事：执政。

长安君：威后少子，孝成王弟，长安君为其封号。质：作抵押的人质。据《史记·赵世家》，此事发生于孝成王元年（前265）。

左师：官名。触龙：人名。"触龙言"三字，原本作"触讋"。现据《史记》及马王堆汉墓出土帛书《战国策》改。

揖：据清人王念孙考证，当为"胥"字传写之误。胥，同"须"，等待。

郄：当作"（jù剧）"，劳累。

耆：通作"嗜"。少益耆食，谓稍渐增加食欲。和于身：使身体舒适。

贱息：对自己儿子的谦称。

黑衣：指卫士。当时赵宫廷卫士皆着黑衣。

填沟壑：指死亡。

燕后：赵太后之女，嫁燕王为后，故称燕后。

赵之为赵：指赵氏由晋国大夫，与韩、魏分晋后成为赵国国君之时。

重器：宝物。

山陵崩：喻指国君死亡，此指赵太后去世。

子义：赵国的有识之士。

本文是《战国策》中写谋臣巧谏成功的最佳篇什，其所以能千载传诵，历久不衰，就在于它富有感动人心的艺术魅力和发人深省的思想启迪。

全文描写的重点就在一个“说”字。因此，善于用轻松细致的笔触，描写人物委婉亲切的说辞，来表现人物隐约微妙的心理活动和性格特征，乃是本文最显著的艺术特色。

触龙劝说赵太后的目的，是让她同意将爱子长安君入质于齐，以换取齐国派兵来解除秦对赵的军事威胁。要达到这个目的，就必须让太后真正明白“父母之爱子，则为之计深远”的道理，这是劝说的主旨。但他谒见太后时所面临的困难僵局，一是“大臣强谏”均无效，而且太后已当众宣布“有复言令长安君为质者，老妇必唾其面”；二是听说触龙要来谒见，太后正气鼓鼓地等待着他。在这种剑拔弩张的气氛下，任何高深的大道理都将无济于事，反而会自取其辱。

触龙真算得上是一位杰出的灵魂工程师和心理学家，他的说辞是分五步进行的。

第一步：必须从感情上消除太后的逆反心理和敌对情绪，恭敬而亲切地说明自己谒见的目的，是因有足疾，久未见面，担心太后玉体有所劳累；故先问起居，次问饮食，再谈养身之道，绝口不提长安君。这一番热情的体贴关怀，终于使“太后之色少解”。

第二步：闲谈老年人溺爱幼子的心情，以期进一步从感情上让太后产生共鸣，从而引出太后的心事，妙在只叙说自己的幼子舒祺，仍然绝口不提长安君。但触龙所说舒祺最小，不成器，而老臣已年老体衰，私下又特别宠爱他，这些情况，不是和太后之爱长安君类似吗？故其实已隐约流露出长安君的影子。接着就说自己冒着死罪来向太后请求，趁自己未死之前让太后安排舒祺当一名宫中卫士，把前程安排好，自己才放心。这番话，既为下文要讲的“父母之爱子，则为之计深远”这一主旨铺垫，又能使太后触类旁通，意识到爱子之心，人皆有之，问题在于爱法如何。果然太后感兴趣地问道：“男子汉也宠爱自己的小儿子吗？”这句话意味着此前一批大臣只知道从国家利益出发讲大道理，让太后舍子入质，却没有人能理解、体贴一位妇人对幼子的那种母爱的特殊感情，现在总算遇到一个“知音”了！触龙深知已触动太后心思，便抓住这句话，进一步反激太后说：“比女人爱得还厉害。”于是引出“太后笑曰：‘妇人异甚。’”她终于由“盛气”“色少解”，到高兴地“笑曰”了，并且毫无戒心地暴露出自己的心思。这就顺理成章地为过渡到闲谈应当如何爱子这个话题奠定了基础。

第三步：仍然不正面说长安君，而是借燕后作反衬，反而说太后疼爱燕后胜过疼爱长安君。这种反激法立刻奏效，引发太后的反驳："你错了，我疼爱燕后远不如疼爱长安君那么厉害。"这正是触龙千回百折希望得到的对方的一句话，他才好由此委婉地批评太后爱长安君爱得不深，应当像爱燕后那样才算爱得深远。于是他从容举出太后当初送燕后出嫁时，握着女儿的脚后跟，为之哭泣悲伤；燕后走了以后，每当祭祀总要为之祝福，祈祷着女儿不要被休弃了回来，希望女儿子孙后代世世在燕国为王等事实。表面上似乎撇开了长安君，在争论太后疼女儿甚于幼子；骨子里却是在旁敲侧击，曲意批评太后：真要疼爱长安君，就该像对燕后那样，为他的长远前途着想。由于触龙不是像其他大臣那样批评她不该溺爱幼子，而恰恰相反，是批评她溺爱得还不够，要像溺爱燕后那样才算爱得深远，所以太后听着自然十分顺耳；又因为触龙设身处地进入角色，与太后一起动感情地回忆疼爱燕后的一幕幕真情实景，致使太后不知不觉完全落入老臣彀中，而回答说："然（确实如此）。"一个"然"字，说明她已完全接受了"父母之爱子，则为之计深远"的道理。于是触龙进入第四步。

第四步：先连发两问，三世以前赵王子孙封侯的，而今其后裔还有没有仍然为侯的？不仅赵国，其他诸侯国的后裔还有没有仍然为侯的？太后都回答说没有。于是触龙精辟地揭示其原因：这些子孙地位尊贵而无功劳，俸禄优厚而对国家毫无贡献，所以无法保住王侯地位，必然会被别人取而代之，自己还会招致杀身之祸。如果说第二、三两步说舒祺、说燕后，与长安君保住王侯的关系距离还稍远，因而言辞曲而较缓。而说赵国王子王孙的命运，与长安君的关系距离则颇近，因而言辞直而趋急，步步紧凑。

第五步：直接把问题引到长安君身上进行类比论证，批评太后如今只给予长安君尊贵的地位、肥沃的封地、众多的宝物，却不趁现在让他为国立功，树立威信；一旦太后驾崩，长安君凭什么保持他在赵国的地位呢？此前无数曲折，至此方一针见血，击中要害，痛快淋漓而又句句力重千钧。然后他语势顿缓，无限痛惜地说："老臣以媪为长安君计短也，故以为其爱不若燕后。""计短"，正与前文"计深远""计久长"遥相对应，而又巧妙地归结到"爱长安君不若燕后"的话题上，始终都是顺着太后"爱子"、为长安君本身利益着想这一心态出发的。这种急中缓煞、刚而转柔的收尾方法，仍留有不直接揭穿本质问题的余地，这就既说服了太后，又给她巧妙地留了个体面的下台台阶。果然太后终于被深深感动而醒悟，答应："好。那就听凭你安排他吧！"同样妙在不直接说穿派长安君入质于齐这句话，彼此心照不宣地达成了默契，但又都不显尴尬，这正是触龙控制的最佳火候和分寸。

至此，触龙忠诚为国，而又善察人心、巧于言辞，循循善诱而又热情真诚的谋臣形象，赵威后溺爱少子，始而专横气盛、泼辣固执，但又有母爱柔肠的满腹委屈，终而深明大义、通情达理的太后形象，都主要通过他们各自的语言声情、动作神态（如触龙的“入而徐趋”“至而自谢”等，太后的“盛气而揖之”“色少解”“笑曰”等），极为鲜明地活现在读者眼前。

精于剪裁和严于章法，也是本文一大特色。篇首众多复杂事件，三言两语即交代清楚，篇末长安君入质于齐及评论，也都惜墨如金、高度简洁；而中间写“说”的过程却详而细腻，层层转进，写法或侧或反或正，时而闲话琐叙，时而追忆感叹，时而反问议论，极尽铺陈婉转之致。且前伏后应，曲尽其妙：如触龙前述“不能疾走”“殊不欲食”，皆述己老态，以起下文“填沟壑”之语；前曰“太后玉体有郄”“日食饮得无衰”，皆指其老态，以起下文“山陵崩”之语；前称舒祺之“最少，不肖”，故后有位尊无功、奉厚无劳之说；前伏请补黑衣卫士令其有所自托，后应“长安君何以自托于赵”；前有“计深远”“计久长”之伏，后有“为长安计短”之应；等等。

篇末的评论，不仅反映出战国时期封建统治阶级内部财产和权力的再分配的斗争，表现出对世袭分封制的某种冲击，而且对教育子女不要依仗父母财产权力的荫庇坐享其成，而应培养独立奋斗、创业立功的自立精神，也富于深刻的启迪。至于触龙说服太后的巧妙婉转的方式方法，对人的灵魂洞察入微的心理把握，处处从对方本身利益着想的亲切热情的真诚态度等，对后世亦有颇多启迪和教益。

思考寄语

本文是先秦历史散文《战国策》中的代表作，文中展现了避其锋芒、欲擒故纵、循循善诱、以子之矛攻子之盾等说服方式，值得大家合理借鉴。开口说话，看似简单，实则不易，我们在日常工作和生活中要多加锻炼，学会说话，善听谏言。

文中“父母之爱子，则为之计深远”的现实意义是什么？如果你的父母注重你的三观教育，关心你的身心健康发展，经常让你干家务，锻炼你吃苦耐劳、勤俭节约的品质，而不是无条件地满足你的物质需求，这时候你不应厌烦和无理取闹，而应该理解和感恩。

18 传习录（节选）

诵读主体

未有知而不行者。知而不行，只是未知……又如知痛，必已自痛了，方知痛；知寒，必已自寒了；知饥，必已自饥了。知行如何分得开……

今人却就将知行分作两件去做，以为必先知了，然后能行，我如今且去讲习讨论做知的工夫，待知得真了，方去做行的工夫，故遂终身不行，亦遂终身不知。此不是小病痛，其来已非一日矣。某今说个知行合一，正是对病的药，又不是某凿空杜撰，知行本体，原是如此……

立志用功，如种树然。方其根芽，犹未有干；及其有干，尚未有枝。枝而后叶，叶而后花、实。初种根时，只管栽培灌溉，勿作枝想，勿作叶想，勿作花想，勿作实想。悬想何益？但不忘栽培之功，怕没有枝叶花实？

知人论世

王守仁（1472—1529），本名王云，字伯安，别号阳明，浙江余姚人。明朝杰出的思想家、文学家、军事家、教育家，因曾筑室于会稽山阳明洞，自号阳明子，学者称之为阳明先生，亦称王阳明。

弘治十二年（1499），中进士，起家刑部主事，历任贵州龙场驿丞、庐陵知县、右佥都御史、南赣巡抚、两广总督、南京兵部尚书、左都御史等职，接连平定南赣、两广盗乱及宸濠之乱，获封新建伯，成为明代凭借军功封爵的三位文臣之一，57岁去世。明穆宗即位，追赠新建侯，谥号“文成”。万历十二年（1584），从祀于孔庙。

王守仁的学说思想即王学（阳明学），是明代影响最大的哲学思想。其学术思想传至中国、日本、朝鲜半岛以及东南亚，集立德、立言于一身，成就冠绝。

弟子极众，世称姚江学派。其文章博大昌达，行墨间有俊爽之气。有《王文成公全书》。

阅读鉴赏

译文：

不存在知道而做不好的人。知道却做不好的人，只是他们还未真正知道这件事情。再比如知道痛，一定是经历了痛，才知道痛。知道寒冷，一定是经历了寒冷，才知道寒冷。知道饥饿，一定是经历了饥饿，才懂得饥饿的滋味。知和行怎么可以分开呢？

现今的人非要把知行分为两件事去做，认为是先知然后行。因此，我就先去讲习讨论，做知的功夫，等知得真切，再去做行的功夫。所以，终生不得行者，必定终生不得知。这不是简单的事情，此种错误认识为时很久了。现在我说的知行合一，正是要对症下药，并非我凭空捏造，知行本体原本如此。

立志用功，就像种树一样，刚开始只有根和芽，还没有树干，等它长出树干时，还没有长出树枝，（依此类推）树先长枝，后长叶；先长叶，然后才有花和果实。起初种下树根时，只管栽培浇灌。不可去想它的枝干、叶子、花和果实什么时候才长出来。空想有什么益处呢？只要不忘记栽培时所用的功，那还怕树长不出枝干、叶子、花和果实吗？

知之真切笃实处，即是行；行之明觉精察处，即是知：知行本不可离。这几句即王阳明的重要观点“知行合一”。知行是一体的，如果真的对某事物有所认知，那一定是身体力行地去做了。产生想要做一件事的想法时，“行”就已经开始了，只有切实展开行动，想法才能变为现实。亲自实践了，便是已知了。王阳明认为，圣人所传的学说只有一个，那就是将认识与实践合而为一，知与行是一事两面。做到知行合一，知而能行，才能在实践中检验知识，在实践的过程中加深对问题的理解。

思考寄语

以知促行、以行促知、知行合一。陆游说：“纸上得来终觉浅，绝知此事要躬行。”只有把学到的知识运用于实践，才能学有所成。王阳明将知行合一作为“致良知”的重要途径，以此启发后人洞察人生、改造自我。

19 芣　苢

诵读主体

采采芣苢，薄言采之。采采芣苢，薄言有之。
采采芣苢，薄言掇之。采采芣苢，薄言捋之。
采采芣苢，薄言袺之。采采芣苢，薄言襭之。

知人论世

这首是周代人们采集芣苢（fú yǐ）时所唱的歌谣，选自《诗经》。

《诗经》是中国第一部诗歌总集，在中国乃至世界文化史上都占有重要地位。《诗经》共收录自西周初年至春秋中叶500多年的诗歌311篇，在内容上共分《风》《雅》《颂》三大部分，在表现手法上分赋、比、兴三种。《芣苢》属于《风》。《风》是出自各地的民歌，是《诗经》中的精华部分，有对爱情、劳动等美好事物的吟唱，也有怀故土、思征人及反压迫、反欺凌的怨叹与愤怒，常用复沓的手法来反复咏叹，一首诗中的各章往往只有几个字不同，表现出民歌的特色。《诗经》描写现实、反映现实的写作手法，开创了诗歌创作的现实主义优良传统，历代诗人的诗歌创作均不同程度地受到《诗经》的影响。

阅读鉴赏

译文：

繁茂鲜艳的芣苢呀，我们赶紧来采呀。繁茂鲜艳的芣苢呀，我们赶紧采起来。
繁茂鲜艳的芣苢呀，一片一片摘下来。繁茂鲜艳的芣苢呀，一把一把捋下来。
繁茂鲜艳的芣苢呀，提起衣襟兜起来。繁茂鲜艳的芣苢呀，掖起衣襟兜回来。

这是一首集体劳动的赞歌，描写了妇女们集体采摘芣苢（车前草）的过程，表达了劳动者喜悦的心情。韵律婉转，节奏明快，富有民歌情味。方玉润在《诗经原始》中曾说：“读者试平心静气涵咏此诗，恍听田家妇女三三五五于平原绣野、风和日丽中群歌互答，余音袅袅，若远若近，忽断忽续，不知其情之何以移，而神之何以旷，则此诗可不必细绎而自得其妙焉。”

《诗经》中的民间歌谣，有很多采用重章叠句的形式，但像《芣苢》这篇重叠得如此厉害的却也是绝无仅有的。先以第一章为例：“采采”二字，以《诗经》各篇的情况而论，可以解释为“采而又采”。到了第二句，“薄言”是无意义的语助词，“采之”在意义上与前句无大变化。第三句重复第一句，第四句又重复第二句，只改动一个字。所以整个第一章，其实只说了两句话：采芣苢，采到了。这还罢了，第二章、第三章仍是第一章的重复，只改动每章第二、四句中的动词。也就是说，全诗三章十二句，只有六个动词——采、有、掇、捋、袺、襭是不断变化的，其余全是重叠，这确实是很特别的。但这种看起来很单调的重叠，却又有它特殊的效果：在不断重叠中，产生了简单明快、往复回环的音乐感。同时，在六个动词的变化中，又表现了越采越多直到满载而归的过程。诗中完全没有写采芣苢的人，读起来却能够明白地感受到她们欢快的心情，情绪就在诗歌的音乐节奏中传达出来。这种极为简单的文辞复沓的歌谣，非常适合许多人在一起唱。

思考寄语

明代田汝成《西湖游览志》云：“三月三日男女皆戴荠菜花。谚云：三月戴荠花，桃李羞繁华。”荠菜花说不上好看，但它对于穷苦人来说却是天之恩赐。车前草较荠菜更为平常易得，想必很多年前，它更受老百姓的喜爱。方玉润曾经说过，想必每到春天，就有成群的妇女，在那平原旷野之上，风和日丽之中，边欢欢喜喜地采着它的嫩叶，边唱着那“采采芣苢”的歌儿，那真是令人心旷神怡的情景。生活之于劳动人民总有诸多艰辛，但在这艰辛中他们又总能找到快乐的源泉。